中南财经政法大学出版基金资助出版

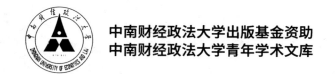

中南财经政法大学出版基金资助
中南财经政法大学青年学术文库

中国地方公共债务
扩张的制度基础

刘 潘◎著

ZHONGGUO DIFANG GONGGONG ZHAIWU

KUOZHANG DE
ZHIDU JICHU

中国财经出版传媒集团
经济科学出版社
Economic Science Press

图书在版编目（CIP）数据

中国地方公共债务扩张的制度基础／刘潘著 . -- 北京：经济科学出版社，2023.9

中南财经政法大学青年学术文库

ISBN 978 – 7 – 5218 – 5116 – 8

Ⅰ. ①中…　Ⅱ. ①刘…　Ⅲ. ①地方财政 – 债务管理 – 研究 – 中国　Ⅳ. ①F812.7

中国国家版本馆 CIP 数据核字（2023）第 172338 号

责任编辑：白留杰　凌　敏
责任校对：刘　昕
责任印制：张佳裕

中国地方公共债务扩张的制度基础

刘　潘　著

经济科学出版社出版、发行　新华书店经销

社址：北京市海淀区阜成路甲 28 号　邮编：100142

教材分社电话：010 – 88191309　发行部电话：010 – 88191522

网址：www. esp. com. cn

电子邮箱：bailiujie518@ 126. com

天猫网店：经济科学出版社旗舰店

网址：http：//jjkxcbs. tmall. com

北京密兴印刷有限公司印装

710 × 1000　16 开　13.5 印张　210000 字

2023 年 9 月第 1 版　2023 年 9 月第 1 次印刷

ISBN 978 – 7 – 5218 – 5116 – 8　定价：58.00 元

（图书出现印装问题，本社负责调换。电话：010 – 88191545）

（版权所有　侵权必究　打击盗版　举报热线：010 – 88191661

QQ：2242791300　营销中心电话：010 – 88191537

电子邮箱：dbts@ esp. com. cn）

序　言

政府债务是世界各国都会普遍实施的一种宏观治理政策，自 20 世纪 90 年代以来，各国政府债务占 GDP 的比重普遍处于持续上升状态。政府债务在为政府解决资金困难、帮助国家渡过难关的同时，因其与财政、金融乃至整体经济的天然联系，潜在的债务风险始终如"达摩克利斯之剑"悬挂在各国政府头上。要想解开债务风险治理的难题，必须要了解政府债务为何增长，或者说要厘清政府债务扩张的制度基础。

与西方国家不同，中国的政府债务问题有自身独特性。一是中国的政府债务主要以地方政府债务为主，中央政府债务规模相对不大；二是中国的地方政府债务形式复杂，既包括 2015 年新《预算法》实施后的地方政府债券，又包括较长时间内一直存在的以地方融资平台为借债主体形成的城投债、地方政府隐性债务。对于地方政府债券，各地规模经上级政府审批，整体业务公开透明，因此风险可控。而所谓的地方政府隐性债务主要依托于地方融资平台这一相对特殊的经济主体，其特殊性在于该主体虽有地方国企之名，却无市场运行之实，它是介于私人企业和国有企业之间的"混合物种"。更值得思考的是，为何全国各地方政府普遍性地通过地方融资平台大量举借债务？其中必然有其深刻的制度之因。从这个角度讲，地方融资平台债务是观察和理解中国"政府—市场"关系的一个很好视角，也是破解中国一些经济问题的重要入手处。

当前，中国地方政府债务治理并未取得全面性胜利，在经济高质量发展阶段讨论地方政府债务问题仍有必要。实践中出现的问题是，虽然新《预算法》赋予了各地政府发行地方政府债券的权利，但地方融资平台与地方政府的关系始终"剪不断"，甚至依旧较为频繁出现违规新增隐性债务。2023年6月《国务院关于2022年度中央预算执行和其他财政收支的审计工作报告》指出，2022年有49个地区通过承诺兜底回购、国有企业垫资建设等方式违规新增隐性债务415.16亿元。由此看来，地方政府债务治理工作在未来一段时间内依旧是我国财政工作的重要内容。

《中国地方公共债务扩张的制度基础》一书是基于作者博士期间的成果。此书首先梳理了我国地方公共债务的制度变迁过程，并借助一套相对可靠的债务数据描述了中国地方公共债务的现状。全书扣住地方政府持续面临的发展激励，试图从财政、金融联动，行政区划制度调整，以及财政权力配置三方面分析地方公共债务扩张的制度性原因，结合主流经济学中的计量方法进行了经验分析。该著作有三个特点。

一是整体逻辑清晰。地方公共债务是一个综合性的复杂问题，与经济、政治乃至社会因素具有关联，本书研究选择三个维度：中国财政、金融分权体制是协调纵向政府间关系的重要制度，也是保持中央和地方两个积极性的体制设计；财政权力配置视角是观察地方政府横向关系的一个窗口；行政区划制度调整是中国条块管理的产物。以上三个维度能够较为立体地理解中国的制度设计。全书的整理逻辑是，从地方融资举债能力和融资举债需求分析不同制度如何导致地方公共债务规模增长，逻辑链条清晰合理。

二是制度分析透彻。本书在分析财政金融体制部分，抓住了税收分成和隐性金融分权的核心特征。实际上，地方公共债务应当首先是一个财政问题，同时由于债务天然的金融属性，因此也必然是一个金融问题，财政和金融体制的配合才能实现地方政府从借债动机到成功融资的跨越。本书通过数理模型推演，并结合实证分析工具验证了这一重要观点。书中敏锐地观察到地方层面的财政权力配置这一非正式制度，并在国家治理框架下从组织动员能力解释了影响债务规模的内在机理。

三是证据充分。经济学的研究范式不断发展，随着计量经济学"可信性革命"的出现和发展，实证分析愈发要求准确且可信的因果推断识别。此书中的经验分析方法正是建立在此种研究范式上，作者结合主流经济学中的因果推断方法，如双重差分法、事件分析法和工具变量法，研究结论建立在充分的实证证据之上。

本书作者刘潘是我的博士生，在中国人民大学五年的学习中，他好学深思、刻苦努力，我见证了他的成长。他自入学以后一直关注地方政府债务，多数研究也集中于此，本书的内容是他博士期间的研究成果。该书的部分章节曾在《中国社会科学》《中国人民大学学报》等学术期刊上发表，有的成为高被引论文，研究结论得到学术界广泛关注，体现出一个年轻学者的锐意进取精神和良好的科研素养，也说明了该书具有很好的学术价值。

"青眼高歌望吾子"，我相信作者未来会持续有高质量的科研产出，会对中国政府债务治理作出更大的学术贡献。

是为序。

中国人民大学财政金融学院财政系

吕冰洋

前　　言

  政府债务政策是世界各国经济运行中一项普遍运用且重要的宏观经济管理工具，在成为一国宏观调控重要抓手的同时，也伴随着债务风险治理问题。应该说，如何统筹政府债务发展与安全问题是世界各国都需要面临的巨大挑战。但治理债务风险不能就风险论风险，要应对上述挑战需要解决一个基础问题，便是探寻政府债务增长的原因，尤其是制度层面的深层次原因。当前我国已进入高质量发展阶段，加强地方政府债务管理是防范化解重大风险和实现高质量发展的重要内容。

  首先需要明确一个观念，政府债务并非"洪水猛兽"，政府债务的出现也不必然导致风险产生。在传统的文化认知中，提及债务，往往与贫穷等词挂钩，进而对债务产生一定的抵触心理。然而，现代市场经济中债务无时不有，无处不在，如房贷、车贷、蚂蚁花呗、京东白条等屡见不鲜，个人在承担债务偿还责任的同时也享受着消费产生的效用。同理，政府债务无论来源如何，最终会通过财政支出的形式用于国民经济的循环中，本质上承担着国家宏观经济调控、治理的职能，只有当债务规模累积到一定程度并阻碍经济社会正常发展才会产生债务风险，需要以发展的眼光看待和理解政府债务。

  长期以来，中国政府在经济发展中发挥着重要作用，既包括正式制度也包括大量的非正式制度。2008 年全球金融危机以后，我国地方融资平台（城投公司）迅猛发展，由此以其为典型借债主体的地方公共债务规模迅速增长，同时债务风险问题逐步累积，地方公共债务风险治理也成为全国财政、经济工作的一项重要内容。与西方国家政府债务管理制度不同的是，中国在1994～2014年未从法律上正式赋予地方政府自主发行政府债券的权利，从而实践中出现所谓的债务"前门"和"后门"问题，中国地方公共债务问题更为复杂。"前门"和"后门"债务即为所谓的显性债务和隐性债务，政府文件中对地方政府隐性债务是指地方政府在法定政府债务限额之外，直接或者承诺以财政资金偿还以及违法提供担保等方式举借的债务，2017年7月中共中央政治局会议首次提出"隐性债务"概念。需要说明的是，本书中的地方公共债务指的是非全口径的地方政府隐性债务，不含2015年后法定的地方政府债务，数据收集自重新界定口径的城投公司，真实的地方政府隐性债务规模可能更大。

虽然地方政府隐性债务不属于法定政府债务，但因为规模庞大、形式多样复杂、透明度低、难以统计、风险关联及难以完全与地方政府割离的特征，若置之不理，易诱发系统性金融风险，甚至全国性经济风险，我国一直努力攻坚地方政府隐性债务治理。党的二十大报告在部署新发展格局、高质量发展战略中明确要构建高水平社会主义市场经济体制，并再次强调"深化金融体制改革""依法将各类金融活动全部纳入监管，守住不发生系统性风险底线"的重要性。应该说，新《预算法》实施以后，隐性债务治理问题取得了重要成就，不过至今仍未在全国取得全面性胜利。2022年12月中央经济工作会议上再次强调要防范化解地方政府债务风险，明确提出"要压实省级政府防范化解隐性债务主体责任，加大存量隐性债务处置力度""坚决遏制增量、化解存量"。债务治理的起点应当是全面理解其增长的机制，尤其是制度层面因素，在此基础上防范化解债务风险才能做到有的放矢。如果说国外隐性债务主要来自社会保障和对金融机构的救助金，那么中国的地方政府隐性债务更多的是地方政府为了地方经济发展而违规举借的债务，而其中包含了正式制度和非正式制度的运用，因此要理解中国地方公共债务问题，需要结合中国独特的制度背景进行分析，这正是本书的逻辑起点。

1994 年分税制改革以来，中国地方公共债务治理以工具创新、行政动员、信贷配置为典型特征，整体形成以经济建设为中心的"激励导向型"治理模式，其中涉及经济、政治和社会等多方面制度。具体而言，本书在梳理我国地方公共债务制度变迁的基础上，结合扎实严谨的债务数据，分别从财政金融分权、行政区划调整以及财政权力配置的多样化角度，分析地方公共债务扩张的制度基础。全书的核心结论可以简要概括如下：中国地方公共债务内生于财政金融分权制度，税收分成是债务增长的内在动力，隐性金融分权提供了客观条件，二者共同助推了债务规模扩张；在城镇化背景下，地方政府通过行政区划调整改变了经济社会条件，通过土地、财政收入资源以及城镇化发展需要刺激债务增长；中国地级市市委书记同时任职人大主任这一非正式制度，统筹了地方财政决策权和监督权，结果是提升地方组织动员能力，使得地方政府通过举借债务来缓解增长压力和舒缓资源约束，以实现经济社会发展。由此看来，地方政府债务风险治理并非单一的财政问题，而是在我国所处特定经济社会发展阶段下的综合难题。

本书是基于已有研究而形成的文稿，部分章节已经发表在学术期刊上，发表版本中部分内容进行了调整。文稿中制度层面仅包括财政金融、行政区划和权力配置三方面，具体内容涉及中国制度运行的分析，由于笔者学识和阅历有限，分析过程中难免存在缺陷。尽管本书的实证分析使用的数据截至 2018 年，这是因为数据更新需要大量时间精力，囿于研究精力有限暂未进行更新，但并不妨碍对我国地方公共债务增长问题的理解。笔者目前和未来较长一段时间内都将关注和集中研究中国政府债务问题，希望在将来能够提供更全面、更深度的分析视角，与诸君共享！

最后，感谢我的导师吕冰洋教授对选题和全书内容撰写上的悉心指导，感谢对外经济贸易大学毛捷教授提供的基础数据和指导，感谢一路支持和鼓励我前进的亲朋好友们。同时，感谢国家自然科学基金青年项目（编号：72303247）、湖北省社科基金项目（编号：2021150）和中南财经政法大学青年学术文库项目（编号：31513141201）的资金支持，感谢经济科学出版社。

刘　潘

2023 年 7 月

目　录

第 1 章

引　言

1.1　研究背景与研究意义

1.1.1　研究背景

改革开放以来，中国经济持续保持了数十年高速稳定增长，被称为"中国奇迹"，中国政府尤其是地方政府在经济社会发展过程中发挥了重要的作用。与西方国家的市场经济发展进程不同，中国特色社会主义市场经济"摸着石头过河"，在此过程中，中国特色社会主义市场经济理论体系也不断发展和完善。财政是国家治理的基础和重要支柱，财政改革也始终内嵌于中国经济社会发展进程中，在中国经济体制由计划经济向市场经济转轨和改革开放以来的发展过程中，财政发挥着极为重要的基础性作用。不论是过去几十年高速增长阶段，还是目前的高质量全面发展阶段，财政作为国家治理的重要工具，始终服务于改革开放的国家战略，同时也具有保障国家稳定和提供发展动力的重要职能。

要发挥好财政的基础和重要支柱作用，必须要有激励相容的制度保证，充分调动中央和地方两方面的积极性。纵观历史发展，中国地方政府行为始终贯穿两条逻辑：一是财政分权和国家发展战略所释放的地方政府发展经济的持续激励；二是财政制度不断改革，始终为地方政府保留自主筹集财力的制度空间，在控制全局系统性风险的前提下，允许地方政府创新筹集发展建设资金的模式（吕炜等，2019）。从改革开放初期"财政包干"体制赋予地方政府财政收支权、经济管理权等相对独立的权力，到分税制改革后"土地财政"的出现，再到地方融资平台、PPP以及债券等地方财政融资模式的创新，这些都极大调动了地方政府的发展积极性。不得不承认，地方政府在创新筹集发展资金的过程中存在一定的弊端，也留下了需要下阶段偿付的成本（例如"土地财政"、地方公共债务风险等问题），最后也累积了一定程度的系统性经济风险。但必须要客观认识到，正是由于事后看起来不规范的财政行为的存在，才缓解了地方持续发展过程中的财政资金短缺问题，更大激励地方政府实现经济社会发展，这对中国迈入新发展阶段至关重要。地方公共债务正是这种发展背景下地方政府财政行为的产物，这也意味着，在面对地方公共债务这个问题时，需要以发展的眼光看待，同时也不能忽视其可能带来的系统性风险。近年来，国际贸易摩擦不断，全球经济增长速度放缓，尤其是受新冠疫情冲击，2020年世界经济出现骤然萎缩。与此同时，为了解决经济增长放缓问题和应对新冠疫情，很多国家推出大规模的救助和刺激政策，公共支出剧增和收入锐减带来了财政赤字和政府债务水平大幅上升，全球范围内公共债务风险增加。根据IMF《财政监测报告更新》（fiscal monitor update）数据，2020年底，全球公共债务估计达到GDP的98%，远远超过国际警戒线，公共债务风险已经成为威胁全球经济安全的重要因素。

对于中国而言，近年来面临的内外部环境不断恶化，经济下行压力增加，地方公共债务风险不断累积。2017年党的十九大报告提出，我国经济已由高速增长阶段转向高质量发展阶段，特别要坚决打好防范化解重大风险、精准脱贫、污染防治的三大攻坚战。党的二十大报告在"构建高水平社会主义市场经济体制"中也强调要守住不发生系统性风险底线。同时，党的十九届五中全会提出，要完善宏观经济治理，建立现代财税金融体制，建设高标准市场体系，加快转变政府职能。当前，我国经济由高速增长阶段转向高质量发展阶段，防范化解涵括地方公共债务风险在内的系统性金融风险是打好防范化解重大风险攻坚战的重要内容，是建立现代财税金融体制的内在要求，也是国家治理体系和治理能力现代化过程中必须要解决的问题。这其中，如何防范化解因地方政府债务规模持续扩大带来的财政金融风险，已成为我国顺利推进全面深化改革的一项关键内容，也是社会各界共同关注的焦点问题。

从定义上讲，地方政府债务风险主要指地方政府无法履行其偿还责任以及由偿债风险引发的其他风险，中国地方政府债务风险主要是债务规模过快增长和结构不合理带来的负面影响和不利预期。具体而言，既包括利益与风险界定不对称造成普遍的道德风险（刘尚希，赵全厚，2002），又包括债务规模、结构、效率和外在风险（郭琳，樊丽明，2001；马海涛，吕强，2004；于海峰，崔迪，2010），其中最重要的风险在于地方政府债务形成危害预期的超常规增长（缪小林，伏润民，2013），进而通过财政、金融系统导致系统性财政金融风险。

本书关注债务规模、结构以及风险问题。首先是规模扩张问题，地方政府在经济社会发展过程中举债融资，由此积累了大规模地方公共债务。截至2020 年 12 月，全国地方政府债务余额为 256615 亿元，其中一般债务 127395亿元、专项债务 129220 亿元，地方政府债余额占 GDP 比重为 25%，上述金额尚未包括规模更大的地方政府隐性债务。根据 IMF2020 年第四条磋商工作人员报告[1]，我国增扩概念的地方政府债务（增扩概念的广义政府债务—中央政府债务）数据，2020 年底地方政府债务余额为 74.5 万亿元，占 GDP 比重达73%，这一比值 2026 年预计为 92%。如此庞大的债务规模，若任其发展，而忽视对其进行有效治理，由此引发的系统性财政金融风险难以想象。其次是结构问题。目前，我国地方公共债务除了纳入一般公共预算和政府性基金预算的一般债务和专项债务以外，还有大量难以统计的隐性债务（如地方融资平台、PPP 以及地方国企举借的债务），隐性债务更多地通过政府担保等形式与地方政府存在关联，具体形式上既包括在金融信用市场上发行的城投债，又包括了以银行贷款、基金、信托、资管计划为主要形式的非标准债务，不同类型债务的风险程度存在差异，因此在实际地方债务治理过程中需要采取多样化手段以提高治理效果。最后是债务风险问题，如果单纯从债务规模的绝对值看可能缺少参考标准，而应该结合地方政府的经济发展情况、财政能力等相对指标进行债务风险量化，进一步进行分析。

有效治理地方公共债务，最重要的工作是找到其扩张的制度基础。不得不承认，要穷尽所有制度基础是不可能完成的工作，选取其中相对重要且与实际

---

① 具体网址为：https://www.imf.org/en/Publications/CR/Issues/2021/01/06/Peoples-Republic-of-China-2020-Article-IV-Consultation-Press-Release-Staff-Report-and-49992.

紧密联系的角度相对可行。已有研究从财政分权、金融制度、转移支付、政治制度以及其他社会性制度分析了其对公共债务的影响，但国外文献主要基于跨国数据进行分析，对地方公共债务尤其是发展中国家的债务研究不多。而国内研究存在以下问题：第一，实证研究并不多，可能的原因是难以找到合适的、可持续更新的市县级债务数据，由于使用的债务数据测算方法、时间节点以及数据来源等差异，对于同一主题得出的结论不一致，甚至互相矛盾；第二，研究视角欠丰富，地方公共债务是一项综合问题，单一的制度难以解释其持续扩张的现实，已有研究在研究角度上较为单一，中国在国家治理中条块结合，在属地行政区划管理基础上，既有纵向垂直管理，又有横向管理，已有研究主要集中于纵向管理，未涉及权力配置以及属地行政区划制度变更的角度，以上角度均与中国地方实践紧密相连，缺乏相关研究不能不说是一种遗憾和空缺；第三，国内研究财政分权对地方公共债务影响的文献，对财政分权的分析未兼顾金融制度，同时实证指标借用国外文献跨国分析的方法，未使用更符合中国实际的分税指标。由此看来，研究中国地方公共债务扩张的制度基础是有必要的，且重点工作有如下几点：第一，使用一套准确、可持续更新的市县级债务数据，为更深入的研究提供基础数据支持；第二，研究视角方面，需要在理解中国地方实践基础上，尝试从行政区划制度和财政权力配置制度等角度以全面、立体解释地方公共债务扩张的制度基础；第三，针对已有研究的不足进行完善，已有研究中的财政分权指标不符合中国实践，应该进行补充和完善。

新中国成立以来，围绕着国家发展战略，我国地方公共债务开始不断探索，从最初的地方生产建设公债到2015年以法律形式确定的地方政府债务，梳理其中的制度变迁可以从历史视野观察发展规律。1994年分税制改革以来，中国地方政府债务治理以工具创新、行政动员、信贷配置为典型特征，整体形成以经济建设为中心的"激励导向型"治理模式，这一模式直接影响地方公共债务的规模和风险，且实际运行涉及财政金融、区域管理以及政治权力等制度。本书在梳理我国地方公共债务制度变迁的基础上，立足于中国地方制度实践和治理模式，分别以财政金融分权、行政区划调整以及财政权力配置的多样化角度，探索地方公共债务扩张的经济、社会和政治制度基础，寻找地方公共债务治理的制度之解。具体而言，本书首先梳理了地方公共债务制度变迁过程和现实状况，并回顾了地方公共债务影响因素的已有文献。进一步，基于发展激励的框架，通过税收分成比例、金融分权度，撤县设区改革，以及市委书记是否同时任职人大主任这四个核心指标，分别量化了财政金融分权制度、行政区划制度变更以及财政权力配置制度，并与一套质量可靠的地方融资平台有息债务数据相匹配，用现代计量经济学方法进行实证检验，最后得到本书的结论。

1.1.2 研究意义

首先，中国地方政府债务融资激励成为诠释"中国增长奇迹"不可或缺的理论内容，地方政府围绕着国家经济社会发展大战略，通过举债融资突破了高速增长阶段的预算资金制约，为经济社会发展提供了发展建设资金支持。地方公共债务问题既是经济问题，更多也是政治问题，通过探索中国地方公共债务扩张的制度基础，有利于理解中国增长过程中政治与经济的联系，也有助于从财政视角理解中国国家治理能力理论。

其次，客观上，过大规模的地方公共债务可能诱发系统性财政金融风险，进而影响经济安全和社会稳定。因此，有必要从制度根源上梳理地方公共债务增长的原因，从制度源头上探索地方公共债务有效治理的路径。基于此，本书尝试从多种视角探寻中国地方公共债务扩张的原因，最后结合研究结论给出相应的政策建议，具有很强的现实意义。

再其次，从全球范围看，地方公共债务治理是世界各国需要面临的问题，其中具有一定的共性规律，世界各国的发展经验可以互相借鉴。现有研究更多关注发达国家的治理经验，本书以中国经验为例，研究结论有助于理解其他发展中国家甚至发达国家的债务问题，进而可能为世界各国治理公共债务问题提供边际上的贡献。

最后，在中国地方公共债务研究进展上，综合系统研究了中国地方公共债务扩张的制度基础，丰富了地方公共债务的相关研究。一方面，通过符合中国特征的财政、金融、政治制度等多方面制度刻画中国发展进程中特有的制度特征，进而研究其对地方公共债务的影响；另一方面，基于可靠口径且可持续更新的地方公共债务数据，为研究中国地方公共债务尤其是市县层面的地方公共债务提供了经验证据。

1.2 研究方法与研究结构

1.2.1 研究方法

由于本书对中国地方公共债务扩张的研究是基于中国改革发展的背景展开，内容上既需要分析不同制度如何影响地方公共债务、其中的影响机制等理论问题，同时也需要借助现代经济学的范式，利用计量工具，解决计量中的内生性、影响机制等实证问题。因此，要根据研究需要，综合使用不同的研究方法。总体来说，本书以现代经济学的研究方法为指导，通过定性分析法、动态经济学分析方法、案例分析法以及计量实证分析方法，研究中国财政、金融分权体制，行政区划制度变更以及财政权力配置制度对地方公共债务的影响。具体方法如下：

（1）动态经济学分析方法。在研究财政、金融制度与地方公共债务关系中，由于经典的财政分权理论并没有一致的理论共识，而财政、金融制度以及其他宏观经济变量对地方公共债务的影响也因各国实际情况而异，借助数理模型工具，可以简洁、清晰地描述财政、金融制度对地方公共债务的影响。具体地，本书在第4章中运用动态经济学分析方法，紧跟理论发展前沿，建立一个动态最优化的数理模型，结合中国的制度现实进行模型假设，最后通过求解最优化条件、进行数值模拟，以解释财政金融制度对地方公共债务的影响以及内在机制。

（2）定性分析方法。地方公共债务受经济、政策和社会等多种因素影响，聚焦于某一种制度，首先需要对二者的关系进行定性分析，是否存在可能的正、负向影响，其中的机制是什么，这些都需要通过定性分析有基本判断。本书第3章运用制度经济学中制度变迁、集体行动、国家理论等理论，对新中国成立以来地方公共债务的制度变迁进行梳理，同时利用现实数据对我国地方融资平台现状进行定性分析，第 4 ~ 6 章在进行实证检验之前都有详细的制度背景介绍和理论分析。总体来说，定性分析方法贯穿全书。

（3）计量实证分析方法。基于不同制度对中国地方公共债务影响的理论分析，进一步通过计量方法进行检验。在具体研究中，根据现有计量经济学的做法，本书综合使用固定效应模型（fixed effects model）、工具变量（IV）、双重差分法（difference-in-differences，DID）、事件分析法（event study）、安慰剂检验（placebo test）等方法进行实证研究，力图解决实证检验中常见的内生性问题、机制检验等问题，以得到尽量干净的实证结论。

（4）案例分析法。目前经济学的主要研究方法是规范分析和量化分析，但为了更好解释具体研究中的关系，也为了将理论实践更好结合，也会使用经典案例对所研究问题进行补充分析。在第 4 章研究税收分成、金融分权对地方公共债务的影响过程中，本书结合实地调研案例，对现实中地方政府债务如何运行进行补充分析，进一步保证本书结论的可靠性。

1.2.2 研究框架和结构

首先是确定研究框架，即应该基于什么框架研究中国地方公共债务扩张的制度基础。本书认为，要理解中国地方公共债务扩张，需要注意以下两点。第一，发展背景，中国地方公共债务始终服务于国家发展战略，地方政府在发展激励下拥有持续发展的动力，在分析地方公共债务问题时不能脱离发展的大背景。虽然我国社会主要矛盾已经转化为人民日益增长的美好生活需要和不平衡不充分的发展之间的矛盾，但并没有改变我们对我国社会主义所处历史阶段的判断，我国处于社会主义初级阶段的基本国情没有改变，中国仍是发展中国家，我国人均 GDP 不高、社会生产力总体水平仍不高、生产力结构还不够合理、高投入高消耗的增长方式尚未得到根本改变、科技创新能力仍存在明显不足等问题依旧存在，要解决上述问题的根本途径只有改革和发展。

纵观历年国务院和各地政府工作报告，中国政府工作的首要重点是推动发展，在国家发展战略之下，地方政府始终以发展为导向，充分发挥自身积极性，统筹当地社会综合资源以实现发展目标。中国地方公共债务扩张正是发展激励下的产物，其主要服务于当地发展，尤其是经济发展。因此，研究中国地方公共债务扩张的制度基础应该在发展激励的框架下展开，即地方政府在发展激励下，同时以保证中央权威为前提，灵活使用制度工具（经济、政治和社会性制度等）以充分挖掘和统筹当地财政资金。本书的研究重点是，在地方面临发展激励时，分析不同方面的制度工具如何促进地方公共债务的扩张。

第二，需要立足于政府和整个金融市场这两个主体。一方面地方政府的相关制度会影响地方政府的财政行为，即产生了制度激励；另一方面金融市场对相对外生的经济、政治或社会制度会有所回应，即客观支持条件变化，二者共同促进地方公共债务的增长，缺一不可。

内容结构上，本书首先介绍中国地方公共债务扩张的研究背景和研究意义。公共债务治理问题是一个普遍性的难题，新冠疫情进一步加剧了全球各国公共债务问题，而中国地方公共债务问题伴随着改革开放产生，近十来年规模不断扩张，若放任不管，可能会引发系统性财政金融风险。基于此背景，本书试图从经济、政治、社会制度等多角度探索中国地方公共债务扩张的制度基础，从而为有效治理地方公共债务问题提供制度之解。第 2 章为文献综述，对现有公共债务相关文献进行梳理和总结。第 3 章梳理我国地方公共债务的制度变迁，结合不同阶段的历史背景解释地方公共债务规模的变化，接着结合地方融资平台的现实数据和实际案例，对融资平台概况和债务情况进行整体介绍，为后续核心章节作铺垫。第 4 章兼顾财政和金融视角，建立了一个动态最优的数理模型，结合理论与实证两方面研究，解释中国地方公共债务增长的财政金融制度基础。第 5 章通过撤县（县级市）设区行政区划调整这一社会性制度，借助双重倍差法研究行政区划制度变更对地方公共债务的影响。第 6 章基于中国地级市市委书记同时任职人大主任的政治制度，在发展型政府框架下讨论该财政权力配置制度对地方举债融资的影响。第 7 章总结全书研究结果，并根据研究结论提出有效治理地方公共债务的政策建议。图 1-1 为本书逻辑结构。

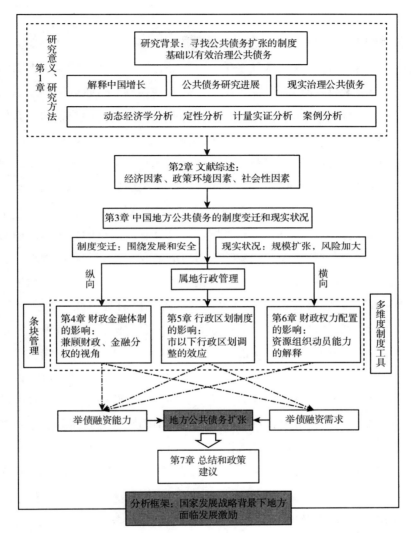

图 1-1　全书结构

1.3　本书贡献与待拓展之处

本书从中国现实制度背景出发，系统分析财政、金融制度，行政区划制度以及政治权力配置制度对地方公共债务的影响。与现有文献相比，本书可能存在的贡献有以下三个方面：

第一，研究视角更全面和更具现实基础。不得不承认，客观上要穷尽中国地方公共债务扩张的影响因素几乎是不可能的，与已有文献相比，本书结合中国地方政治实践和国家治理模式，基于财政金融体制、行政区划制度以及政治权力配置三个维度，尽可能全面地分析不同制度的影响。影响中国公共债务扩张的制度首先是财政制度，但分权制度仅解释了地方公共债务扩张的制度激励，需要兼顾金融制度这一客观支持条件，二者缺一不可，本书第4章兼顾财政、金融分权制度进行了更深入的分析。同时，中国幅员辽阔，国家治理以地域为基础进行块状管理，其中的客观条件是行政区划制度，已有文献中没有关注行政区划制度因素，本书观察到中国行政区划制度调整中最频繁的撤县设区改革，行政区划制度调整一方面意味着对应的财政、经济、政治管理制度也发生了改变，另一方面金融市场也会随着调整资源组合，二者都会影响地方公共债务规模。最后，本书首次检验财政权力配置制度对地方公共债务风险的影响，通过地级市市委书记是否同时任职人大常委会主任这一独特视角来量化财政权力配置，进一步从组织动员能力考察其对地方公共债务的影响。

第二，改进了现有研究中地方公共债务的度量方法，并基于可靠口径的地方公共债务数据，为研究中国地方公共债务提供了经验证据。地方政府债务治理需要建立在准确的债务统计口径之上，寻找中国地方公共债务扩张的制度基础，需要依托有效、可靠的统计数据。中国地方公共债务的统计口径众多、且不统一，同时数据获取较难，纵观文献无非有三种：地方政府债务（2014年债务甄别的政府债务 + 2015年以来自发自还政府债券）、城投债（直接由Wind数据库导出）以及地方政府隐性债务（通过资金使用端使用"倒推法"得到）。但上述三种方法都不适合解释中国各地地方公共债务长时间的发展过程，不得不承认，以目前数据公开情况，要精准测量可持续更新的地方公共债务，尤其是分地区的隐性债务数据，目前似乎是一项无法完成的工作。退而求其次，一个可行的办法是以隐性债务的某组成部分为例，进而窥探其发展规律和制度基础。基于此思路，同时也为了解决上述三种口径存在的问题，本书借鉴徐军伟等（2020）的方法，选取更为精准界定的地方融资平台名单，在此基础上收集、整理其有息债务数据（城投债 + 非标债务），作为分析中国地方公共债务（部分，非全口径）扩张的数据基础。

第三，改进研究中国财政分权指标。对财政分权制度的分析需要采用更符合中国分税制特点的指标。国内大多数研究借用国外文献的做法，采用各地区人均财政支出占全国人均财政支出的比重（以及在此基础上采用各种变化形式）来度量财政分权。其问题有两个，一是该指标本质上反映的是人均财力的差异，而非财政分权程度差异；二是中国的财政分权制度在较长时间内（2018 年以前）主要是分税制，分税制改革主要是从收入（税收）方面规范中央和地方的财政分权，事权和支出责任方面的界定相对滞后，从财政体制角度探讨地方政府债务问题应以税收分成或分税作为主要视角。因此，更符合中国实际的分权指标应该是分税（即税收分成）指标，本书在分析财政分权制度对地方公共债务的影响时，实证指标采用分税比例这一相对更符合中国分权特征的量化指标。

本书提出可能存在上述三方面的贡献，但还存在一些地方有待拓展。一是对地方公共债务的统计和测算。本书主要基于可持续更新性和可行性考虑，以地方融资平台为基础，只是地方政府隐性债务中的一部分，但现实中除了地方融资平台，还存在如 PPP、地方国企等其他融资主体的公共债务，尽管国家从 2014 年《国务院关于加强地方政府性债务管理的意见》之后不断出台政策，可地方政府尤其是基层政府实际上依然存在违规举债的问题，短时间内尚难脱偿还责任。二是研究层面。本书在研究层面上其实还停留在宏观层面，对地方公共债务更有研究价值的层面应该是微观层面，例如现实中地方政府如何通过各种各类的方法融资，地方融资平台与地方政府预算的关系如何。再如，地方融资平台能存在的制度基础是什么，地方融资平台的真实绩效如何，这些都是需要更深入的微观研究。三是地方公共债务的经济社会效应。现有文献几乎都集中于研究地方公共债务的成因，但忽视了地方公共债务的经济社会效应，例如，是否促进了经济增长，对地区全要素生产率是否有促进作用，是否阻碍了居民消费等，这些都缺乏相关研究。

第 2 章

文献综述

探寻我国地方公共债务扩张的制度基础，首先需要了解地方公共债务的定义及口径，进而从经济、政治、社会等多维层面研究地方公共债务扩张的制度基础。已有文献中有关地方政府债务的研究很丰富，研究内容包括地方政府债务风险特征、成因、经济社会效应及对策等（龚强等，2011；毛捷，曹婧，2019；Delgado-Téllez and Pérez，2020；Mawejje and Odhiambo，2020），本书探索中国地方公共债务扩张的制度基础，更关注影响其规模和风险的经济社会等制度因素。因此，本章首先梳理公共债务的相关理论，接着从文献出发梳理地方公共债务的界定，进而对已有研究中关于地方公共债务的影响因素进行梳理，最后对已有文献进行总结。

2.1 公共债务的理论基础

现有关于公共债务理论的文献繁多，最早可以追溯到古典学派，根据具体内容可以分为举债、规模扩张、监督管理、管理目标以及发债券等理论基础。与本书最相关的为公共债务举债和规模扩张的理论基础，即公共债务产生和规模变化的相关理论。梳理已有文献，本书主要涉及公共产品理论、财政分权理论、公共选择理论以及信息不对称下的委托代理理论等。

市场经济中，市场在资源配置中起着决定性作用，但由于市场垄断、信息不充分和不对称、外部效应与公共物品、收入分配不公等市场失灵的存在，需要政府进行干预、进行宏观管理，以弥补市场失灵。但由于公共产品非竞争性和非排他性的属性，市场无法提供有效的公共产品，因此公共产品的有效供给需要政府行动。根据受益范围，公共产品可以分为全国性公共产品和地方性公共产品，前者一般由中央政府提供，后者则由地方政府提供。实际财政运行中，政府财政支出可以分为经常性支出和资本性支出，由于资本性支出的成本、收益时间上不一致，进而产生代际公平问题。因此，政府财政支出不应以税收收入作为唯一的收入来源，可以通过举债融资，使公共产品的成本在代际之间合理分担，这一理论解释了公共债务产生的合理性。而关于中央、地方政府在财政权力上的划分由财政分权理论阐述，财政分权理论在公共产品理论的基础上产生，分为第一代财政分权理论和第二代财政分权理论，但理论上财政分权和地方公共债务的关系是不明确的，2.2 节将进行详细阐释。

公共选择理论的代表性学者是布坎南、戈登和阿罗等，该理论以微观经济学的基本假设和方法来研究政府行为。公共选择理论认为，公共选择是通过政治决策过程（例如投票、选举）决定资源在公共物品间的配置，但公共物品的市场选择是无效的，需要借助于政治决策过程的公共选择来配置公共物品的资源，核心假设是经济人理性，同时政治是一种交易过程，理论内容涉及选民、政治家、政府官僚、特殊利益集团、投票决策的规则以及宪制经济理论等。公共选择理论认为，政府官僚是理性的经济人，其目标函数往往会追求预算规模最大化，公共决策过程中会努力突破财政约束，以债务融资提供公共产品和公共服务。中国地方公共债务规模的扩张是伴随着地方发展激励存在，除此之外，官员晋升理论也构成地方政府效应函数的重要内容。因此，在公共利益和自身利益的驱动下，地方公共债务规模不断扩张，同时也出现借新还旧等融资方式，地方公共债务风险也逐渐累积。

委托代理理论建立在信息不对称理论之上，由于现实中信息往往是不对称和不完全的，委托人和代理人各自的效应函数不同，存在利益冲突，代理人凭借自身的信息优势以实现自身利益最大化，产生代理问题。而委托代理理论的核心内容是，在存在信息不对称和"道德风险"的情况下，设计出最优契约以激励代理人。在多层级政府中，中央政府和地方政府、上一级政府和下级政府以及地方政府和当地居民之间存在委托代理关系，且存在信息不对称，地方政府既是中央政府的代理人，又是地方居民的代理人，起着双重代理的角色。其中地方居民既包括金融机构等企业，也包括居民个体，在信息制度和制约不完善的情况下，中央政府和地方居民对公共债务的借贷、资金使用、偿还等监管不充分。地方政府在自身利益最大化的驱动下，为了追求政治利益，往往会通过债务融资以追求自身利益最大化，助推地方公共债务的扩张。

2.2 地方公共债务的界定及分类

从已有文献来看，我国地方公共债务的统计口径复杂且不统一。文献中比较有共识的是按照债务风险矩阵划分的显性直接债务、显性或有债务、隐性直接债务和或有债务四类（Polackova，1998；Brixi and Schick，2002）。以上分类有两个维度，一是承担责任的条件，直接债务是政府在任何条件都要履行偿还责任的债务，而或有债务则是在一定条件下政府履行偿还责任和义务；二是显示形式，显性债务是指有明确法律规定、政府公开承诺的部分，隐性债务则是在政府职能中应当承担的道义责任或者处于压力不得不偿还的债务（刘尚希，赵全厚，2002）。审计署 2011 年公布的地方政府性债务审计结果中，将地方政府性债务划分为政府负有偿还责任、负有担保责任的债务以及其他相关债务三类，与上述划分大体相同。毛捷和徐军伟（2019）通过整理文献、政策文件和实务操作，对地方政府债务的口径进行了系统整理和对比，发现目前学界、政府部门以及实务部门对地方政府债务的口径有地方债、地方债券、地方债务、地方政府性债务、融资平台公司债务、显性债务、隐性债务、一般债务和专项债务等不同表述，学术界所言的地方政府债务还包括社保资金缺口等隐性债务，郭敏等（2020）就地方政府隐性债务的性质、来源、确定性和风险可预见性进行了总结（见表 2－1），其中隐性债务主要是融资平台债务。2014年《国务院关于加强地方政府性债务管理的意见》出台后，国务院将地方政府债务统一界定为地方政府自发自还债券以及经清理甄别认定的存量债务，但2015 年下半年以来借助地方融资平台的信托计划、资管、融资租赁等非标形式形成的隐性债务不计入其内。

表 2 - 1　　　　　　　　　　　　地方公共债务分类

	直接负债	或有负债
显性负债	（1）性质：政府法定债务； （2）来源：政府发行； （3）债务确定性和透明度：债务事项法定，债务要素确定（如金额、期限、债权人和债务人信息）； （4）债务规模和风险量化、风险的可预见度：强	（1）性质：政府法定责任和义务； （2）来源：根据相关政策政府承担的法律责任； （3）债务确定性和透明度：或有事项确定，债务事项法定，最终需要政府承担债务要素不确定； （4）债务规模和风险量化、风险可预见度：弱
隐性负债	（1）性质：政府道义上的债务； （2）来源：政府长期规划和承诺； （3）债务确定性和透明度：债务事项非法定，最终需要政府承担的债务要素不确定； （4）债务规模和风险量化度、风险的可预见度：较弱	（1）性质：道义上的责任和义务； （2）来源：政治、社会、军事和自然灾害压力； （3）债务确定性和透明度：或有事项、债务事项、债务要素三者均不确定； （4）债务规模和风险量化、风险的可预见度：极弱

　　我国地方政府债务主要经历了"地方政府性债务""地方政府债券"和"地方政府隐性债务"三次变化，2017 年 7 月中共中央政治局会议首次提出地方政府隐性债务概念，并界定为"地方政府违法违规举债或者变相举债"。由于 2014 年底对各种存量债务进行了甄别，因此具体指的是 2015 年以来，违反《预算法》和 43 号文相关规定在地方政府债务限额之外，以非地方政府债券形式举借的债务，融资主体包括各级政府及其下属部门、融资平台以及国企、事业单位等。

　　尽管学术界对地方政府隐性债务的定义更宽，也存有争议，但对于地方政府债务的界定以及地方融资平台是地方政府隐性债务中最重要的融资主体这两点是达成共识的。地方政府债务指的是 2014 年底经甄别后的地方政府存量债、2015 年以来地方政府自发自还的债券、2015 年以来地方政府非债券形式的债务，地方融资平台有息债务（或简称为地方融资平台债务、融资平台债务、融资平台公司债务）是我国地方政府隐性债务中最重要的部分①。由于本书后

---

　　①　根据《中国地方政府与融资平台债务分析报告》（毛振华，闫衍主编）的测算，地方融资平台有关债务超过地方政府隐性债务的八成。

续章节对地方公共债务的制度变迁、文献梳理以及理论分析中会同时包含地方政府债务和地方政府隐性债务，难以进行区分，为避免混淆，本书在制度变迁、文献梳理以及理论分析中统一使用地方公共债务，而在实证章节中使用的数据为基于地方融资平台新名单的有息债务，也使用融资平台债务（或城投债务）的说法，而在全书标题上使用地方公共债务。

2.3 地方公共债务的影响因素

2.3.1 经济因素

（1）财政分权制度。地方公共债务（显性债务或隐性债务）首先是财政问题，财政制度是影响其规模扩张的最重要因素，国内外大量文献从不同角度展开了研究。计划经济体制中，全国公共决策集中于中央政府，地方政府没有财政自主性，只有在中央政府（全部或部分）下放财政自主权给地方政府时，地方政府才可能进行债务融资，形成地方公共债务。因此，地方公共债务问题天然地内生于分权的财政体制中，但理论和实证上均没有得到一致结论。

现有文献中关于财政分权的理论以财政联邦主义（fiscal federalism）为主要代表，其核心思想是将中央和地方的财政权力划分，赋予地方政府（不同程度的）财政收入和支出权限，地方政府拥有财政自主权。奥茨（Oates，2005）和沃（Vo，2010）对第一代财政联邦主义进行了总结，第一代财政联邦主义（first-generation theory of fiscal federalism）认为，由于地方政府的信息优势，可以更了解当地居民的公共物品需要，因此相较于中央政府统一决策，多层级政府体系提供居民需要的公共物品更有效率（Tiebout，1956；Musgrave，1959；Oates，1972；等）。按照此思路，经典的财政联邦主义理论认为，在一定条件下，地方举债融资比使用当期地方财政收入更为可取。赞同地方政府举债融资、提供公共物品的理由有：第一，现实生活中，地方政府财政收入的现金流入和支出端在时间上可能并不完全同步，可进而出现财政赤字和财政盈余，借债融资可以为地方政府平滑收支缺口问题；第二，从代际公开考虑，地方政府只通过税收融资以满足当代公共支出的做法不符合代际公平的原则；第三，地方在加速发展经济过程中，通过借债为公共投资融资成本可能更为经济，公共服务的运营成本也更低；第四，也是最重要的一点，地方政府在对中央政府不存有财政救助的预期下，地方政府借债融资有助于促进对地方政府的问责，地方政府要降低债务融资成本，就必须注意维持财政平衡和保持良好的财政管理（Swianiewicz，2004；World Bank，2004）。以蒙迪诺拉等（Montinola et al.，1995）、钱颖一和温加斯特（Qian and Weingast，1997）以及麦金农（Mckinnon，1997）等为代表发展的第二代财政联邦主义理论（second-generation theory of fiscal federalism）开始注重微观基础，进一步认为，财政分权会使得地方政府竞争，有助于改进不同层级政府间的经济和政治激励约束，进而提高资源配置效率。总体而言，财政联邦主义认为财政分权能使地方政府拥有更大的收支自主决策权，同时面临硬预算约束，在成熟的信贷市场环境下，最终有利于强化财政纪律，减少财政赤字（Oates，1972；Qian and Roland，1996，1998；等）；但同时，如果财政分权制度设计不当（如转移支付制度、政府间政策协调问题），可能会扭曲地方政府和联邦政治家的动机，这一扭曲容易导致财政分权国家出现更高的财政赤字和不可持续的债务水平（Weingast，1995；De Mello，1999；Pisauro，2001；Goodspeed，2002；等）。

　　财政分权理论中分权对地方公共债务的影响在世界各国是否成立，需要更多的实证研究进行检验。需要说明的是，财政赤字和政府债务的关系是线性正相关的（Favero and Giavazzi，2012；Fotiou，2020），在跨期预算中，二者的关系如下式：$debt_t = \dfrac{1+i_t}{1+x_t} debt_{t-1} + \dfrac{exp(g_t)-exp(t_t)}{exp(y_t)}$，将债务（$debt$）、政府支出（$g$）、政府收入（$t$）变量简化成与 GDP（$y$）的比值，上式可以进一步化简成：$debt_t = \dfrac{1+i_t}{(1+x_t)(1+\Delta y_t)} debt_{t-1} + (exp(g_t)-exp(t_t))$（式中，$t$ 表示预算时期，i 和 x 分别表示债务成本和通胀率）。从上式可以看出，财政赤字与政府债务的关系，这也符合现实情况，弥补财政赤字最常用的方式就是发行政府债务，因此在财政分权的文献中一般不区分财政赤字和政府债务。在现有文献中，由于不同学者使用不同国家作为研究样本，同时财政分权的指标度量上有收入分权和支出分权的差别，且具体度量指标可能也有所不同，国外实证研究主要形成以下促进、抑制债务规模以及影响存在不确定性的三类观点。第一类观点支持了传统财政联邦主义的理论，认为收入分权能使地方政府拥有更大的税收自主权，进而硬化政府预算约束，减少财政赤字。如弗莱塔格和瓦特（Freitag and Vatter，2008）综合讨论了瑞士各州政治分权（political decentralization）、财政集权（fiscal centralization）和行政分权（administrative centralization）对人均债务变化的影响，结果显示只有在经济衰退时期，财政分权对政府债务有抑制效果，但实证数据上使用了混合截面数据而不是面板数据。巴斯卡拉（Baskaran，2010）以 17 个 OECD 国家 1975～2001 年面板数据为样本，实证结果显示，支出分权显著降低了公共债务，而税收分权和纵向财政失衡的结果不显著，但文中政府债务是全国一般政府层面，即包含了中央政府和地方政府，另外作者也没有更深入解释支出分权负向影响政府债务的机制；亚普蒂（Neyapti，2010）的结果有所差别，其结果认为支出分权和收入分权都有效减少政府预算赤字。类似地，其他学者利用不同国家的数据也得到相似结论（Feld et al.，2011；Eyraud and Lusinyan，2013）。也有学者讨论了财政分权减少腐败对政府赤字的作用，主要机制是财政分权使得地方政府更负责，从而削弱了腐败的作用，不过实证结果显示，单独的财政分权（支出分权和税收分权）对政府赤字的影响不显著，作者最后认为这一结果只适用于 OECD 国家，而且实证结果不能证明因果关系（Oto-Peralías et al.，2013）。在收入分权方面，主要以地方政府征收的财政收入在全国政府的财政收入中的占比作为收入分权的指标，有研究利用 OECD 国家 1975～2008 年的数据，实证发现收入分权有效改善了地方政府的财政纪律，降低赤字水平（Asatryan et al.，2015）。

国外近些年的研究更多地讨论，第一类观点是财政分权对财政纪律和整体财政绩效的影响。如索和拉扎菲马海法（Sow and Razafimahefa，2017）认为支出分权可以改善财政平衡，因为地方政府比中央政府面临更大的压力，需要用有限的资源提供更多的公共品，同时这种压力导致地方政府寻求更高的生产效率，作者进一步提出支出分权需要有对应的税收分权下放，否则地方政府可能会放松财政纪律。弗瑞米尼等（Foremny et al.，2017）使用生存分析法研究了财政支出分权对政府预算整合持续时间的影响，进一步发现上级政府在财政整顿期间会削减对下级政府的转移支付，在下级政府没有充分的征税权同时也无法改变上级决策的情况下，下级政府的负债率会上升。时宇等（Shi et al.，2018）利用美国各州和地方政府 1962~2012 年的面板数据回归分析发现，支出分权与州政府以及地方政府的长期债务偿还能力存在正相关关系，但对债务发行的能力几乎无影响，进一步使用财政分权与税收支出限制（tax and expenditure limits）的交互项发现，财政分权对地方政府偿债能力的积极影响随着地方政府间收支的限制而增加。阿莱克谢耶夫等（Alexe et al.，2019）考察了俄罗斯地区财政分权对区域预算赤字的影响，支出分权对区域预算平衡有显著积极作用，收入分权的影响取决于税收收入能否拥有高度自由的税收使用权；布科芙斯卡和斯温斯卡（Bukowska and Siwińska-Gorzelak，2019）讨论税收自主权的影响，发现地方政府税收自主权有助于提高地方财政纪律。梅略和杰里斯（De Mello and Jalles，2020）通过考察 1990~2015 年发达国家和发展中国家的宏观变量认为，2008 年全球金融危机以来政府债务扩张与财政分权体制下地方政府权力的增强有关，但并未严格地实证检验。

第二类观点认为财政分权会导致政府举债规模扩大，但实证研究并不多。梅略（De Mello，2000）以跨国数据为基础，发现地方政府收入分权会恶化地方财政状况，其中的原因在于政府间财政制度协调失败。加西亚·米拉等（Garcia-Milà et al.，2002）建立了一个区域借债决策的理论模型，并使用西班牙 1984~1995 年的地区数据验证，实证数据表明，由于西班牙财政分权体系中所包含的收支制度激励措施，地方政府进行无效举债，导致债务规模扩张。特雷恩（Trein，2016）基于 1995~2012 年 29 个 OECD 国家的数据发现，收入分权增加了地方政府采取机会主义行动的动机，进而可以借更多的钱，导致政府赤字规模扩大。正是由于分权制度设计可能导致地方政府财政缺口扩大，进而地方政府和中央政府的借款规模都会扩大：欧大索罗和塞弗林（Aldasoro and Seiferling，2014）认为财政分权往往发生在支出方面，而不是收入方面，进而造成纵向财政失衡，并以大样本国家的一般政府和地方政府数据为基础，发现纵向财政失衡会导致政府债务累积；郭思等（Guo et al.，2018）以西班牙为例，认为财政分权导致了西班牙 1988~2006 年政府总债务 19%~40% 的变化。

第三类观点认为财政分权对政府债务的影响是不确定的，可能是不显著的，或者存在非线性影响，也可能因国家体制具有差异性（Baskaran，2012；Horváthová et al.，2012；Foremny，2014）。例如，沙阿（Shah，2006）实证考察了财政分权对宏观经济管理的影响，虽然总体上财政分权有利于改善国家宏观经济管理，但对债务指标的影响都不显著；桑顿（Thornton，2009）在 OECD 国家中也没有发现财政分权促进政府财政平衡的证据，其他学者在以色列也未发现明确的证据（Tan and Avshalom-uster，2021）。巴斯卡拉（Baskaran，2012）基于 1975～2000 年 23 个 OECD 国家的面板数据，发现地方政府税收自主权对财政赤字具有 U 形效应；巴拉格尔科尔等（Balaguer-Coll et al.，2016）强调，税收自主权对地方政府债务的影响是非线性的，平均而言地方税收自主权不会影响西班牙地方债务的数量，但分位数回归结果表明，随着债务水平的增长，税收自主权对债务规模的影响由负变成正。部分研究认为财政分权对政府债务的影响因国家规模、体制等而异：霍尔瓦托娃等（Horváthová et al.，2012）分析了欧盟 27 个成员国财政分权与公共债务水平之间的关系，发现财政分权（支出分权和收入分权）减少了大国和小国的公共债务，但没有减少中等规模国家的公共债务。涅雅普蒂（Neyapti，2013）认为支出分权和收入分权在减少预算赤字方面的有效性在很大程度上取决于联邦储备委员会的存在以及其出台的财政规则；弗瑞米尼（Foremny，2014）以欧洲国家为研究样本，发现财政规则和税收自主权对政府赤字的影响取决于国家的宪法制度。

国内研究中关于财政分权与地方公共债务的关系，主要观点是：我国 1994 年分税制改革梳理了中央和地方之间的财力分配关系，但财权与"事权"（职责、支出责任）不对称、不匹配，进而导致地方政府财政困难，同时在预算软约束激励下，地方进行举债融资。贾康和白景明（2002）总结了中国财政体制对县乡财政困难的影响主要有财权事权划分不对称、政府层级过多以及财政支出决策集中与规则紊乱；马海涛和吕强（2004）、曹信邦等（2005）、芮晔平（2005）和李砚忠（2007）也持这一观点，并认为经济体制、债务管理制度以及官员考核制度也是地方政府债务法律风险突出的成因。贾康等（2010）在中央财经领导小组领导下成立了调研组，对我国地方政府债务规模进行了统计，并认为我国地方政府负债的制度性原因在于财政体制、投融资体制和行政管理体制，其中财政体制原因主要是分税制体制下财力和事权不匹配，一方面中央和地方政府之间的事权划分不清楚；另一方面，省以下地方政府间的财政体制普遍带来财权重心上移而事权重心下压。之后，关于财政分权与地方公共债务的研究基本都以上述观点为基础，如马海涛和马金华（2011）提出，在 2006 年以前，我国地方政府负债的主要原因来自财政体制，而 2006年以后，除财政体制外，经济增长方式也是主要原因；龚强等（2011）对分权视角下的地方政府债务研究进行综述，认为分税制改革后的财政体制因素是导致中国地方政府债务积累的重要原因；徐键（2012）认为 1994 年分税制实现了财权的再集中，但为了维持地方财政的自主性，地方政府会努力寻求政府性债务提高财政能力；莫兰琼和陶凌云（2012）认为造成我国地方政府举债的根本原因在于财政体制问题预算软约束和公共管理体制会加剧地方政府债务问题；吴俊培和李淼焱（2013）对中西部地区地方政府债务进行调研，认为我国分税制仍然具有"包干制"的特征，并加剧了地区经济发展不平衡，同时缺乏地方税体系，积极财政下地方要突破发债约束必须利用融资平台筹资；洪洋（2019）对我国县级财政困难的成因进行了文献梳理，发现县级财政困境因财政分权中事权和财权的不匹配导致，尽管推行了"省直管县"等制度改革，但县级财政困难依旧存在。

上述国内文献都是基于现实调研或文献总结得出的结论，另一部分则从以数理模型和实证为工具进行检验，不过并不是单纯考虑财政分权的影响，往往结合金融制度、预算软约束、政治考核制度等进行分析。实际上，实证文献并不多，主要原因可能是地方债务数据的限制，同时没有找到适合我国财政分权体制的分权指标。代表性的有贾俊雪等（2011）、陈菁和李建发（2015）、姜子叶和胡育蓉（2016）、王永钦等（2016）、沈雨婷（2019）、陈宝东和邓晓兰（2019）以及毛捷等（2019）等，但实证结果上也没有得到一致结论。分权体制导致的地方政府投资冲动是造成地方预算软约束的重要原因（陈志勇，陈思霞，2014），姜子叶和胡育蓉（2016）运用财政分权理论，构建了基准模型、分权模型和预算软约束模型，从理论上解释了地方政府过度举债的原因在于，分权体制下，中央进行补贴、形成预算外收入和累积地方政府债务，三者形成顺周期性；王永钦等（2016）从金融市场中城投债收益率价差的角度，证实了预算软约束带来的地方债市场缺乏定价效率；针对预算软约束问题，王永钦等（2015）通过分权模型认为，地方政府自主发行债务可以更好解决预算软约束问题。实证结果上，贾俊雪等（2011）同时考察了县级层面收入分权和支出分权对财政自主度的影响，发现收入分权有助于提高财政自给能力，而支出分权会加剧县级财政困难；陈菁和李建发（2015）将人均省级政府财政支出与中央政府财政支出的比值作为总支出分权指标，发现支出分权对各省的人均城投债发行额存在正向影响；而沈雨婷（2019）同时检验了支出和收入分权（省人均财政支出、收入、税收收入与全国人均财政支出、收入和税收收入的比值）对人均城投债发行规模的效果，其结果认为财政分权对城投债规模有明显的抑制作用。

最近的研究中，余应敏等（2018）基于2008～2013年省级面板数据发现，收入分权程度越高，地方政府债务风险越大；陈宝东和邓晓兰（2019）从财政支出端倒推出各省债务额，财政分权指标使用财政自主度（预算内财政收入－预算内财政支出）度量，实证结果显示财政自主度促进了债务增长，这一结论与黄春元、毛捷（2015）使用包含显性债务、国有企业债务和城投债规模作为地方政府债务指标的结论一致。从分权指标设计上，支出指标主要采用人均财政支出占全国人均财政支出的比重，但此指标本质衡量的是各地人均财力的差异，无法反映出一国内不同地方政府分权程度的差异（陈硕，高琳，2012），针对此问题，毛捷等（2019）从税收分成这一更符合中国过去20年来财政分权特点的分权指标，检验了税收分成对地方公共债务的影响。

（2）转移支付制度。转移支付制度内生于财政分权制度，是财政分权制度中的另一重要内容，也是影响地方公共债务的重要因素。转移支付制度存在的原因在于：在财政联邦主义逻辑下，收入分权和支出分权不同，会产生制度设计不当的问题，同时各地之间经济社会条件不同，进而导致地区间财政不平衡，因此需要通过政府间转移支付进行"财政均等化"（fiscal equalization），以降低各地间的财政差距。若地方政府的财政赤字由中央政府（或上级政府）通过转移支付弥补，则会产生纵向财政失衡（vertical fiscal imbalance）问题，进而导致道德风险问题。理论上，转移支付对地方公共债务的影响是不确定的：一方面，转移支付弥补了地方财力，地方财力缺口缩小，有助于缓解地方政府面临的财政压力，从而减少地方政府举债规模；另一方面，转移支付会带来"公共池问题"（common pool problem）和预算软约束问题等道德风险问题，最终激励地方政府扩大举债规模。国内研究主要基于转移支付引发的道德风险问题解释中国地方公共债务问题，"公共池问题"和预算软约束问题对地方公共债务的影响机制存有差异。"公共池问题"观点认为，各地获得的财政转移支付收益主要由本地区享有，而转移支付来自中央政府，成本由全国各地共同承担，会带来成本和收益不匹配的问题，因此在转移支付的激励下，获得转移支付的地方政府，倾向于扩张举债以追求自身经济社会效益（Weingast et al.，1981；Torsten Persson and Tabellini，1996；Sanguinetti and Tommasi，2004）。预算软约束观点则从中央救助的角度解释，古德斯皮德（Goodspeed，2017）对财政分权体制下的预算软约束进行了综述，通常而言，中央政府会（承诺或不承诺）对陷入债务困难的地方政府给予转移支付救助以避免更大危机，因此地方政府在存有中央救助预期情况下（不论事后救助或不救助），结果是当期债务规模趋于扩张（Goodspeed，2002；Kornai et al.，2003；Oates，2005；Rodden，2006；Akai and Sato，2008；Akai and Sato，2011；周学东等，2014；郭玉清等，2016）。

国内外实证研究主要对上述理论进行实证检验，主要差别在于识别策略、样本和数据选择上。巴斯卡拉（Baskaran，2012）以德国各州 1975 ~ 2005 年的面板数据为基础，发现德国各州面临预算软约束，最终导致横向竞争和债务扩张，而且州政府更关心的是联邦政府救助的可能性而不是具体救助规模。佩特森 – 利德博姆（Pettersson-Lidbom，2010）以相邻地区接受获得转移支付的占比作为工具变量法，实证检验了瑞典地区政府转移支付与地方公共债务的关系，类似地，迪特里克森和埃勒加德（Dietrichson and Ellegård，2015）通过合成控制法检验了瑞典推行的有条件的转移支付改革对财政纪律的影响，其结果表明这一转移支付制度并没有改善财政纪律。钟辉勇和陆铭（2015）利用 2006 ~ 2012 年地级市面板数据实证检验人均转移支付对人均融资平台城投债规模的影响，结果发现专项转移支付对城投债发行有正向影响，而非专项转移支付（税收返还 + 一般性转移支付）无显著影响。巴斯卡拉（Baskaran，2017）通过双重倍差法检验了财政救助对德国黑森州财政的影响；图里纳和皮特里克（Köppl-Turyna and Pitlik，2018）利用断点回归识别了奥地利市级转移性收入对政府借款的影响，其结果证实了转移支付带来的预算软约束问题。

部分研究将转移支付纳入其他财政体制，分析二者对地方公共债务的交互作用。如洪源等（2018）将财政压力、转移支付同时放入分析框架，并通过面板门槛模型检验二者对地方政府债务风险的影响，其结果认为转移支付的影响显著存在财政压力的门槛效应，地方政府面临的财政压力越大，转移支付对地方政府债务风险的影响由负向转为正向刺激；类似地，杜彤伟等（2019）分析了分权财政体制下财政纵向失衡、转移支付对地方财政可持续性的影响，结果表明转移支付有利于促进地方财政可持续性，同时这种效果存在门槛效应。前文理论提到，由于收入效应和道德风险问题，转移支付对地方公共债务风险的影响是不确定的，刘雅君（2020）以债务可持续性为被解释变量分别进行了检验，发现转移支付导致的预算软约束改善了政府对纳入预算管理债务的财政反应，但恶化了对预算外债务的财政反应，而收入效应改善了地方政府的财政反应。2014 年以来我国转移支付制度进行了改革①，2014 年《国务院关于改革和完善中央对地方转移支付制度的意见》要求提高一般性转移支付占比、降低专项转移支付占比，同时加强清理、整合、规范专项转移支付，这一改革可能会改变转移支付对地方公共债务的影响。为此，陈小亮等（2020）检验了 2010～2017 年省级转移支付对地方隐性债务增量的影响，实证结果认为只有专项转移支付对地方公共债务具有正向激励作用，而且这种作用在2014 年以后不显著。

（3）金融制度。地方公共债务的发行离不开金融市场的支持，因此，金融制度是影响地方公共债务的重要因素。中国金融制度上一个明显的特征是金融分权，金融分权对地方公共债务的影响具有明显的中国特色。原因在于，一方面中国地方政府在很大程度上可以控制地方金融资源，同时中国地方公共债务的运行离不开金融系统的支持。洪正和胡勇锋（2017）对中国式金融分权进行了详细阐释，并认为金融分权包括金融发展与创新权、金融控制权和金融监管权，层次上分为中央向地方的分权和政府向民间的分权（金融民营化或市场化）。总体上，中国金融分权总体呈现隐性、渐进、反复、非制度化的特

---

① 代表文件是 2014 年底出台的《国务院关于改革和完善中央对地方转移支付制度的意见》，2015 年出台的《中央对地方专项转移支付管理办法》等。

征，改革开放以来主要划分为以下几个阶段（陈雨露，郭庆旺，2013；傅勇，2015；洪正，胡勇锋，2017；傅勇，李良松，2017）：第一阶段（1978~1993年），金融领域打破"大一统"的银行体系，地方金融开始发展，金融开始分权；第二阶段（1994~2002年），金融风险累积，中央开始整顿地方金融，金融重新集权；第三阶段（2003年至今），金融发展与风险防范并重，地方出现大量地方性金融机构和"影子银行"，呈现显性金融集权和隐性金融分权并存的特征。实际上，财政分权和金融分权都是中央和地方政府不断博弈的结果，金融分权使得地方政府对地方金融资源有很强的控制能力，财政和金融是地方经济增长框架下可以互相替代的融资工具，财政分权会影响金融分权，并且会导致金融资源竞争，容易引发财政、金融风险（巴曙松等，2005；何德旭，苗文龙，2016；洪正，胡勇锋，2017；苗文龙，2019）。

金融分权毫无疑问对地方公共债务的扩张起着助推作用，二者的作用机制非常清晰，现实中地方融资平台的出现和迅速发展，正是金融分权制度下地方控制地方金融资源的体现。国内文献主要通过实证或者理论讨论分析金融分权及其导致的金融环境变化对地方公共债务的影响。理论讨论层面，傅勇（2012）认为地方债务缩胀逻辑在于地方层面财政—金融关联的视角；傅勇和李良松（2017）发现，在分税制改革相对固化后，中央政府更倾向于调整金融分权边界，从而使地方政府债务增速逆经济周期变化；马文涛和马草原（2018）从地方政府对微观个体的担保出发，融入金融分权制度，通过数理模型模拟发现金融分权会强化政府担保对地方政府债务的影响；毛捷和徐军伟（2019）借助于东部城市债务的实地调研案例，发现财政分权延伸下的间接金融分权是地方财政与金融协同的基本逻辑，地方债政府债务的正式制度与非正式制度的相互作用是间接金融分权的基础；马万里和张敏（2020）基于金融制度角度，指出隐性金融分权是中国地方隐性债务扩张的重要因素，进一步认为隐性金融分权主要特征是中央政府和地方政府的政策目标存在明显差异，即使在对地方债务监管严格的背景下，地方政府也会开辟出更多的隐性手段和渠道进行举债融资。

关于金融制度与地方公共债务的实证研究并不多，分别从影子银行、金融环境、隐性金融分权角度讨论金融制度对债务的影响。吕健（2014）计算了全国各省份 2001～2012 年影子银行的规模，并通过空间计量方法检验了二者的关系，空间杜宾模型结果显示，影子银行发展有力地推动了地方政府债务规模增长，马恩涛（2020）用 2013～2017 年数据得到一致的结论。潘俊等（2015）以省级城投债数据为基础，发现好的金融生态环境有效降低了地方政府债务融资成本；陈宝东和邓晓兰（2019）、毛捷等（2019）在实证中同时考虑财政分权与金融分权的作用，认为财政分权和金融分权是导致我国地方公共债务增长的重要制度原因。李一花和乔栋（2020）通过资金使用端倒推出地方政府隐性债务，实证结果发现，金融分权和保增长压力在地方政府隐性债务膨胀中发挥了重要作用，金融分权的直接效应和空间滞后效应对地方政府隐性债务均有显著的促进作用。不过也有学者（铁瑛，何欢浪，2020）从银行管制放松角度，认为银行管制放松对城投债务具有显著的抑制作用，作用机制在于城商行发展促进了结构性竞争水平。上述文献都从宏观层面分析了我国金融制度对地方公共债务的影响，均未涉及地方公共债务扩张的微观动力，针对此，徐军伟等（2020）重新界定了融资平台公司和城投债，并利用新的城投债数据库进行量化分析，认为金融势能是地方融资平台大力举债的微观动力机制，也是导致地方政府隐性债务持续扩张的市场驱动因素。

与国内主要分析金融分权不同，国外研究主要集中在金融市场开放、央行制度、汇率制度和金融稳定等视角。金融市场开放方面，阿齐蒙蒂等（Azzimonti et al.，2014）通过不完全市场的多国模型，发现当金融市场国际化后，政府会选择更高的债务水平，核心机制在于利率对债务供给的弹性。实证上，主要观点都认为宽松、开放的金融市场导致公共债务水平上升，甚至导致债务危机，相反，更严格的金融管制会抑制债务水平（Tytell and Wei，2004；Reinhart and Rogoff，2011；Agnello and Sousa，2015；Broner and Ventura，2016；Liu and Sun，2016；Kim et al.，2017）；而董达欣（Dong，2020）以 1970～2015 年 37 个发展中国家为研究样本，区分了本国和其他国家的金融开放，债务指标上分为内债和外债，实证结果表明，母国的金融开放减少了外债和公共债务总额，同时外国的金融开放增加了本国的外债。厄兹坎等（Ozkan et al.，2010）和帕帕达穆等（Papadamou et al.，2017）讨论了中央银行独立性对公共债务的影响，后者基于前者的模型，使用 22 个国家的动态面板数据，结果发现中央银行独立性对财政赤字、政府债券发行以及公共债务具有显著促进作用；正因为如此，2008 年全球金融危机之后，各国央行采取创新的、非常规措施以遏制公共债务增长，在此过程中，事实上央行的独立性已经减弱（Blancheton，2016）；诺赫（Nöh，2019）讨论了负债率对债务期限的影响，指出上述效应在拥有独立央行的国家具有更大的边际效应；黛拉（Della Posta，2018）在理论模型中加入公共债务需求的随机冲击，公共债务稳定性被证明取决于中央作为最后贷款人所能创造的潜在流动性。

除了金融开放和央行独立性的角度，也有研究关注汇率制度、整体金融稳定和利率制度：克拉森斯等（Claessens et al.，2007）实证发现严格的汇率制度会刺激国家借入外债，进一步，维莱特（Vuletin，2013）通过理论模型和实证分析讨论了汇率制度对财政纪律的影响，理论研究认为固定汇率和浮动汇率双重制度会使得政治家提高赤字水平，动态面板回归证实了理论模型的推论；塔卡拉基斯（Tagkalakis，2014）的实证结论表明，金融不稳定会恶化公共债务，引发财政危机；黛拉（Della Posta，2019；2021）将汇率目标模型应用于利率，解释了欧元区公共债务危机出现的困惑，即利率的非线性行为，指出不论政府规模多大，货币政策和最后贷款人的存在对公共债务稳定性至关重要。

（4）其他经济因素。除了财政分权、转移支付和金融制度以外，还有很多研究从其他经济因素研究地方公共债务扩张的原因。对已有文献进行梳理，其他经济因素主要包括城镇化（余华义，2015；Fernandez Milan and Creutzig，2016；常晨，陆铭，2017；Afflatet，2018；曹婧等，2019；卢洪友，朱耘婵，2020）、"土地财政"（杨灿明，鲁元平，2015；杨继东等，2018；张莉等，2018；余靖雯等，2019；冀云阳等，2019）、税收或支出政策改革（Halkos and Papageorgiou，2018；Lee，2018；曹光宇等，2020；毛捷等，2020；Casalin et al.，2020；Qwader and Aloshaibat，2020；Gnangnon，2021）、债务限额（向辉，俞乔，2020）、创新金融（侯世英，宋良荣，2020；Meme and Fatoki，2020）、预算偏离度（赵文举，张曾莲，2020）以及经济不确定性（刘柳，2019），等等。

2.3.2 政策环境因素

私人物品通过市场机制实现供给，而公共物品则需要通过政治制度实现供给与需求（布坎南，1986）。地方公共债务决策权在公共部门，同时相关政策也由公共部门制定，其供给和需求必然离不开政策环境土壤。

国外文献中主要基于政治经济学框架研究整体政治制度与公共债务的关系。阿莱西纳和塔贝利尼（Alesina and Tabellini，1990）理论分析了交替政府间的政治分化对政府债务扩张的影响；格里利等（Grilli et al.，1991）讨论了政治机构多重属性在提供制约和激励政策制定者行动方面的作用，并分析了选举和政治传统与公共债务的关系；哈恩和斯图姆（Haan and Sturm，1994）检验了政府改革频率以及预算程序与政府债务的关系，认为政府变动频率会促进政府债务增长，克林格等（Clinger et al.，2008）也支持这一观点，但健全的预算程序有助于抑制债务增长；波特巴（Poterba，1994）基于美国20世纪80年代的财政危机，强调了财政机构以及政治因素在赤字调整中的作用；奥特和拉森（Alt and Lassen，2006）在理论模型中拓展了公共债务的职业关注模型（career-concerns model），并进一步研究财政（机构）透明度、政治分化以及政府偏好对公共债务的影响。部分学者从实证角度，直接检验政治制度变量对公共债务的影响：如尼克和格茨纳（Neck and Getzner，2001）利用奥地利中央政府债务数据，检验了政治经济变量对政府债务增长的影响，涉及的政治制度变量包括意识形态、政党、政府组织形式以及政治周期；乌（Woo，2003）考察了经济、政治和体制变量对跨国公共赤字的影响，其中包括财政深度、收入不平等、政治事件、政治机构设置等变量，研究发现财政深度、收入不平等、暗杀、内阁规模和预算决策中的权力集中是影响公共赤字的重要决定因素；其他学者也有类似的研究（Claessens et al.，2007；Javid et al.，2011；Greer and Denison，2016；Bellot et al.，2017；Adonia et al.，2018；Arif and Mujahid，2018；等）。

最近的文献从腐败（Cooray et al.，2017；Liu et al.，2017；Apergis and Apergis，2019；Del Monte and Pennacchio，2020；Baklouti and Boujelbene，

2021）、部门领导特征（Moessinger，2014；Gamalerio，2020），以及政府管理整体质量（Tarek and Ahmed，2017a，2017b；Ben Ali and Ben Abdul Aziz Al Yahya，2019）等多角度探讨了制度因素与公共债务的关系。另外，除了传统的政治经济学分析框架，也有学者对影响公共债务的政治因素进行综述，例如皮尔森和塔贝利尼（Persson and Tabellini，1999）指出影响公共债务的政治制度主要包括两党制中的政治不稳定、联合政府、代际政治等；埃斯拉瓦（Es-lava，2011）对文献进行梳理，发现政客赢得选举的目的、政客党派偏好之间的利益冲突以及社会利益冲突都会产生赤字激励；阿莱西纳和帕萨拉夸（Alesina and Passalacqua，2016）系统回顾了文献中代际再分配、寻租、预算规则和机构设置等对公共债务的影响，并指出政治机构设置以及官僚需要更深入的研究，尤其是需要更多的实证研究。可以发现，国外众多政治制度对公共债务的研究中，只有部分关注了政治权力运行的作用，但缺乏深入的机制分析，同时也未关注社会主义国家的政治体制差别，这也是本书需要解决的问题。

国内研究主要基于地方官员变更、官员特征及债务竞争角度展开。地方官员变更方面，罗党论和余国满（2015）通过省级、地级市城投债发行数据发现，由官员更替引发的不确定性会显著降低城市的发债概率，同时提高发债风险，增加发债成本；进一步地，武彦民等（2016）建立理论模型讨论了官僚执政更替制度对政府债务的影响，实证结果表明官员更替次数与债务增长速度是负相关的；官员更替与任职期限有关，可能会导致地方债务时间和空间上权责分离（伏润民，缪小林，2014；2015）；杨海生等（2015）建立了一套地方财政效率指标，在此基础上检验政策不连续性对其的影响，结果发现新任市长短期内为了迅速作出政绩，往往会扩大政府消费和财政赤字；王贤彬和黄亮雄（2020）对中国官员更替带来的政治、政策不确定性进行了梳理，指出官员更替产生不确定性的逻辑在于实际权力转移和官员差异性，进而影响政府财政金融行为。官员更替产生政治不确定性其中一个原因是官员个人特征，因此，官员个人如工作经历、社会关系和教育背景等特征会对地方政府的债务决策有所影响，也进一步解释了地区债务规模差异的原因（方明月，2015；龙志和，莫凡，2019）。

地方债务增长的同时也是各地债务竞争的结果，因此，另外一类文献基于发展动机角度研究债务竞争问题。总体来说，在中国财政分权体制和地方政府有动机竞相突破预算约束以实现经济发展，最终扩大地方政府举债规模（周雪光，2005；王叙果等，2012；吕健，2014；蒲丹琳，王善平，2014；陈菁，李建发，2015；贾俊雪等，2017；曹婧等，2019；邓晓兰等，2019；冀云阳等，2019；汪峰等，2020；李升，陆琛怡，2020；等），导致地方政府进行债务竞争（吴小强，韩立彬，2017），同时也会加剧地方债务的顺周期特征（司海平，2018）。

2.3.3 社会性因素

除了经济因素和政治因素外，地方公共债务也与整个社会综合资源有关，社会性因素也是地方公共债务扩张的重要基础。

本书重点关注行政区划制度，原因在于：行政区划制度调整是社会性因素中的一个重要内容，行政区划是构成国家制度的基础，涉及不同政府间的经济，以及社会制度等多种制度；同时也涵盖了不同的综合资源，若行政区划制度发生变化，可能会通过其他经济社会变量影响政府公共债务。国外对行政区划制度变更的效应研究主要讨论地区合并（municipal merger，municipal amalgamation）的影响，且主要集中在财政收支、公共服务和社会民主方面，但理论、实证上均没有一致的结论。理论上，地区合并的支持者认为较大的市政规模将导致生产、公共服务的规模经济、较低的行政开支以及通过内部化公共服务的外部性从而提升公共服务（King，1984；Otates，1985；Fox and Gurley，2006；Holzer et al.，2009；John，2010；Reingewertz，2012；Slack and Bird，2013），但反对者认为规模效应只存在于一定的规模，超过一定规模后便不出现了，同时小城市更灵活、官僚机构更少，因此民主程度更高（Borge and Rattso，1993；Reiter and Weichenrieder，1997；Solé-Ollé and Bosch，2005；Dollery and Fleming，2006；De Ceuninck，2010；Andrew and Boyne，2012；LagoPeñas and Martinez-Vazquez，2013；等）。与本书最相关的是地区合并带来的债务效应，文献中普遍认为地区合并后辖区变大，由于存在财政公共池激

励，最终会导致债务累积（Hinnerich，2009；Jordahl and Liang，2010；Naka-
zawa，2016；Hirota and Yunoue，2017；Fritz and Feld，2020；等）。已有研究
中对中国行政区划制度变更的研究角度主要包括省直管县、撤区设市、撤县设
市及撤县设区等，实证方法普遍采用双重倍差法对其经济社会效应进行评估。
具体的经济社会效应主要包括经济增长（才国伟，黄亮雄，2010；Fan et al.，
2012；唐为，2019）、政府间财政关系（才国伟等，2011；陈思霞，卢盛峰，
2014；张莉等，2018；李广众，贾凡胜，2020；范子英，赵仁杰，2020）以及
城市化和公共服务（王小龙，方金金，2014；唐为，王媛，2015；高秋明，杜
创，2019；魏守华等，2020），尚没有文献关注地方公共债务的角度，基于此，
本书讨论了我国行政区划制度变更对地方公共债务的影响。

除了行政区划制度以外，也有学者关注了其他社会因素对公共债务的影
响。如阿拉瓦特瑞和奥诺（Arawatari and Ono，2017）基于公共债务和不平等
的多国政治经济模型，认为一个国家内部不平等可能会导致公共债务增加；拉
维和楚尔（Raveh and Tsur，2020）讨论了美国各州 1963~2007 年的自然资源
开采带来的"意外之财"对地方政府债务的影响，结果认为"意外之财"会
导致更高的债务水平；潘克拉齐和普罗斯佩里（Pancrazi and Prosperi，2020）
分析了政治冲突、制度透明度对政府债务的影响，指出在不透明的经济体中，
大规模的政治冲突导致更多的债务；刁伟涛等（2020）通过申请公开方式构
造随机实验，检验了顶层设计和公众参与对地方政府信息公开的影响，马文涛
和张朋（2020）从信息披露视角解释政府债务的形成机制，其认为以公共信
息披露形式呈现的财政透明度对政府债务规模具有抑制作用；朱莹和王健
（2018）、马东山等（2019）分别讨论了市场约束和政府审计制度对地方公共
债务的影响；郭敏等（2020）从中国国企出发，认为国企政策功能和国企刚
兑预期是我国地方政府隐性债务形成机制的关键变量。

2.4　文献评述

已有文献从财政分权、金融、转移支付、政治制度以及其他社会性制度分

析了对公共债务的影响，研究上取得了很大发展。从整个文献发展看，研究方法从以理论分析为主转为以实证方法为主，且伴随着整个经济学科的发展出现了新兴的研究方法（如实验经济学），研究视角从经典的财政分权制度开始转向各国的经济社会等综合性因素，研究对象既有跨国研究也不乏一国内的地区层面。国外学者对公共债务的研究更多以跨国经验展开，针对中国地方公共债务问题，国内学者也结合中国特色的制度体系进行讨论和分析，但本书认为至少在以下方面可以进一步完善和发展。

第一，对财政分权制度的分析需要采用更符合中国分税制特点的指标。借用国外文献的做法，国内大多数研究采用各地区人均财政支出占全国人均财政支出的比重（以及在此基础上采用各种变化形式）来度量财政分权，其问题一是该指标本质上反映的是人均财力的差异，而非财政分权程度差异，对此吕冰洋等（2016）、毛捷等（2018）已有详细讨论；二是中国的财政分权制度主要是分税制①，分税制改革主要是从收入（税收）方面规范中央和地方的财政分权，事权和支出责任方面的界定相对滞后，从财政体制角度探讨地方政府债务问题应以税收分成或分税作为主要视角。因此，更符合中国实际的分权指标应该是分税（即税收分成）指标。

第二，地方公共债务绝不是由某项单一的制度导致的，而是多种制度互相结合、互相影响的结果，因此需要结合不同制度进行综合分析。与地方公共债务最相关的首先是财政制度和金融制度，前者是内在动力，后者是客观条件，二者缺一不可。已有文献中对财政、金融制度结合的关注度不够，由部分研究进行了尝试，但只进行了初步的实证判断，对制度背后的驱动因素未作进一步分析。其次，地方公共债务与整个社会的综合资源结合在一起，不同级别的行政区划对资源的组织动员能力有差异，行政区划进行调整会带动整个社会资源的变动，从而地方政府自身条件、需求以及外界金融市场的判断也会随之改变，以上变动对地方公共债务会产生影响，但国内现有研究中尚未关注这一

---

① 2016年国家才开始颁发文件推进中央和地方财政事权和支出责任划分改革（代表性文件是《国务院关于推进中央与地方财政事权和支出责任划分改革的指导意见》），2018年开始各领域逐步将财政事权和支出责任划分改革落实（如《国务院办公厅关于印发基本公共服务领域中央与地方共同财政事权和支出责任划分改革方案的通知》《国务院办公厅关于印发医疗卫生领域中央与地方财政事权和支出责任划分改革方案的通知》等）。

点。最后，已有文献都没有关注地方政治权力的配置，尤其是财政权力的配置。地方公共债务作为一种公共决策，其发行、偿还等决策都取决于地方权力部门，中国地方政治实践中的权力配置为发挥、调动地方积极性发挥了重要作用，以财政权力为切入点，不失为理解中国地方政府财政、经济行为的一个好窗口。

第三，地方政府债务治理需要建立在准确的债务统计口径之上，寻找中国地方公共债务扩张的制度基础，需要依托有效、可靠的统计数据。中国地方公共债务的统计口径众多且不统一，同时数据获取较难，纵观文献无非有三种：地方政府债务（2014 年债务甄别的政府债务 + 2015 年以来自发自还政府债券）、城投债（直接由 Wind 数据库导出）以及地方政府隐性债务（通过资金使用端使用"倒推法"得到）。现实中，第一种，地方政府债务规模明晰、风险可控，且可获得数据的年份较短，难以解释 2006 年以来中国地方公共债务的增长。第二种，城投债由 Wind 数据库直接导出，存在导出节点不一致、导致数据不一致、重复和遗漏等问题（徐军伟等，2020），同时国家对其有较为严格和标准的监管措施，实际的违约风险很低，另外文献中基本都使用其发行额数据进行分析，未涉及存量债务，因此，基于这一相对狭小的口径不利于全面了解中国地方公共债务。第三种，使用统计方法"倒推法"度量地方政府隐性债务，其计算公式的前提假设是地方负债全部进入市政基础设施投资，实际上，除了基础设施投资，还包括科教文卫、生态建设、环境保护等；其次，计算过程中选择的行业不是全行业，只包含交通运输、电力燃气等 7 个行业，且假定这些行业的固定资产投资全部由地方政府投资，忽视了中央政府部分；计算公式①中间消减的部分不一致，而且实际上还包含了实务上 PPP 中长期财政支出事项等不属于政府债务的部分；最后，由于数据计算公式需要兼顾中间所有指标，因此数据只能停留在省级层面，无法深入到市县层面，实际上市县政府是地方公共债务中的最主要部分。因此，综合来看，上述三种方法都不适合解释中国各地地方公共债务长时间的发展过程，不得不承认，以目前数据公开情况，要精准测量地方公共债务，尤其是分地区的隐性债务数据，是一项非

---

① 具体的计算公式为：地方政府负债＝市政领域的固定资产投资－预算内资金投入－土地出让收入中用于投资资金－被投资项目的盈利现金流入。

常难的工作，一个可行的办法是以隐性债务的某组成部分为例，进而窥探其发展规律和制度基础。基于此思路，同时也为了解决上述三种口径存在的问题，本书借鉴徐军伟等（2020）的方法，选取更为精准界定的地方融资平台名单，在此基础上收集、整理其有息债务数据（城投债＋非标债务），作为分析中国地方公共债务（部分，非全口径）扩张的数据基础。

第 3 章

中国地方公共债务的制度变迁与现实状况

3.1 中国地方公共债务的制度变迁

任何制度的形成都对应着特定的历史条件，要理解中国地方公共债务扩张的制度基础，首先要梳理我国地方公共债务的制度变迁，结合不同阶段的历史背景解释地方公共债务规模的变化。需要说明的是，不论地方政府债券，还是地方融资平台债务为代表的地方政府隐性债务，二者交织在我国地方公共债务的制度变迁中。

自 1949 年新中国成立以来，我国地方公共债务的制度不断变化和发展，大致可以分为以下几个阶段：第一阶段（1949 ~ 1958 年），主要特点是地方政府通过发行债券进行债务融资；第二阶段（1959 ~ 1978 年），此阶段地方政府债务停滞，既不允许通过债券发行融资，也禁止通过其他手段融资；第三阶段（1979 ~ 1993 年），恢复举债融资；第四阶段（1994 ~ 2008 年），地方政府债券全面禁止，同时预算外债务开始发展阶段；第五阶段（2009 ~ 2014 年），地方政府债务实践探索阶段，通过中央发行地方认购、中央发行地方转贷、融资平台筹集等多种手段；第六阶段（2014 年至今），新《预算法》赋予地方政府举债权，地方政府债务纳入预算管理，地方政府债务发展进入新阶段。

3.1.1　地方政府债务起步阶段：1949～1958 年

为了维护政治稳定，促进经济社会发展，新中国成立后，全国财政收支、贸易和物资调度以及现金管理高度集中。全国实行高度集中、"统收统支"的财政体制，地方收入集中于中央，地方支出由中央统一审核、逐级拨付，地方财政收入和支出之间基本不发生关系，地方政府的决策缺乏自主权。为了恢复经济，推进我国工业化建设，中央政府决定允许地方政府发行地方债券，地方政府负债的主要形式是经济建设公债，此期间共发行过两次地方债券：一是由东北人民政府发行的"东北生产建设折实公债"；二是地方经济建设公债。

（1）东北生产建设折实公债。1948 年底，东北全境解放，经过长期战乱，此时的东北建设资金极为匮乏，本地区的财政收入不足以提供大规模建设所需财力。为了筹集生产建设资金，加快东北地区经济建设的步伐，1949 年 3 月 6 日，东北行政委员会发布了《发行生产建设实物有奖公债的命令》，分两期发行该公债。之后，1950 年 2 月 15 日，东北人民政府发布《一九五零年东北生产建设折实公债条例》（以下简称《条例》），从 3 月开始发行第一期东北生产建设公债。《条例》规定公债募集及还本付息均以实物为计算标准，其单位定名为"分"，总额为三千万分；公债面值有一分、五分、十分、五十分、一百分五种，以实物为计算标准。同时规定本期公债分五年偿还，自 1951 年起每年抽签还本一次，第一至第五次分别抽还总额的 10%、15%、20%、25%、30%，公债利息为年息 5 厘，利息每年还一次，分 5 年还清。1950 年 11 月 3 日，1950 年度下期（第二期）生产建设折实公债开始发行，这期公债的发行范围以大、中型城市为重点，11 月 23 日，各地的认购计划都已基本完成（姜长青，2010）。

以当时报纸报道看，民众对新生的公债非常积极，实际发行额超过计划数，东北生产建设折实公债顺利发行，在较短时间内为东北经济建设筹集了大量资金，东北经济得以快速恢复和发展，进而也有力地支持了全国经济的恢复和发展。

（2）地方经济建设公债。1953 年我国制定了第一个五年计划，中国由战后恢复转向大规模经济建设。在此期间，由于前期的战乱，经济积累很少，各地普遍出现经济建设资金不足的现象，发行地方公债成为各地热议事项。

在此背景下，1958 年 4 月 12 日，中央决定发行地方公债以解决经济建设资金不足的问题，同时从 1960 年开始不再发行国家经济建设公债。同年 6 月 5 日，全国人大常委会投票通过并颁布了《地方经济建设公债条例》，该《条例》明确规定各省份有权发行地方经济建设公债，同时也对地方公债的发行制定制度规定。该《条例》颁布实施之后，福建、江西和东北等省份根据本省情况发行不同规模的地方经济建设公债（付传明，2016）。

地方经济建设公债对我国地方政府债务尝试奠定了重要基础。首先，中央将发债券下放给地方政府，同时地方政府可以因地制宜制定具体管理办法，地方政府拥有相对独立的自主权；其次，实施条例由全国人大通过并颁布实施，具有法律效力。这两点有力保证了地方经济建设公债的发行和运行，也成为后来地方政府债券出现和发展的重要经验。

3.1.2　地方政府债务停滞阶段：1959 ～ 1978 年

地方经济建设公债发行的主要目的是解决地方政府生产建设资金不足的问题，其实际效果受资金使用效率影响。1958 年中国出现了"大跃进"运动，整个社会"浮夸"之风盛行，地方公债的实际效果大打折扣。中央政府随后对财政体制进行了改革，全国实行统一集中的经济体制，同时加强中央财政管理，地方公债发行随即结束。从 1959 年开始，中央政府决定停止国债和地方公债的发行，并于 1968 年还清了所有的内、外债，进入了长达二十年的"既无内债，又无外债"时期。

这一阶段，我国国内外环境发生了很大变化。第一，中苏关系恶化，国际环境不允许我国举借外债；第二，"左倾"思想影响，"左倾"思想认为"既无内债，又无外债"是社会主义优越感的根本体现；第三，对发展形势判断有偏差，"一五"计划胜利完成，使得国家高估了未来财政收入预期，认为根本不需要举借债务。最直接的影响是 1959 年开始实行的高度集中统一的计划经济体制，以及相应的生产建设型财政管理体制。中央政府统筹安排全国财政资源，实行统一领导、统收统支、分级负责制，主要方式包括 1959 ～ 1970 年实行"收支下放、计划包干、地区调剂、总额分成、一年一变"的财政管理体制；1971～1973 年实行的"定收定支、收支包干、保证上缴、结余留用、一年一定"财政管理体制；1974～1975 年则变成"收入按固定比例留成、超收令定分成比例、支出按指标包干"；1976～1979 年实行"定收定支、收支挂钩、总额分成、一年一变，部分省份实行'收支挂钩、增收分成'"的财政体制（李萍，2010；缪小林，2015）。整体上，由于中央政府统筹安排地方财政，同时要求地方尽量自求平衡，地方政府举债发展积极性和偿债能力受限，地方公共债务处于停滞阶段。

3.1.3　地方政府债务恢复阶段：1979～1993 年

1978 年 12 月党的十一届三中全会召开，标志着我国进入改革开放和社会主义现代化建设阶段。与此同时，我国财政管理体制也开始调整，1979 年开始实行"收支挂钩、超收分成"的财政体制，当年中央工作会议提出以财政管理体制为突破口推进经济体制全面改革。1980 年开始，我国财政体制进入"包干阶段"（包干制，通常被称为"分灶吃饭"），在分配关系上，中央向地方倾斜，地方政府拥有较大的收支管理体制，地方财政实力得到显著增强。

财政包干制赋予了地方政府较大的财政收支权限，部分地方政府逐步开始举借债务，公共债券外的公共债务开始出现[①]。此时各地的公共债务主要是政府负有偿还的债务，借债主体主要是市县级单位。1981 年开始省级政府也陆续举借债务，之后 1986 年开始全国各地级市、县级政府也纷纷投向举债融资这一财政工具（参考审计署《全国地方政府性债务审计结果》，审计署审计结果公告 2011 年第 35 号）。

这一阶段，全国各地各级政府都纷纷将财政收入延伸到政府预算之外的公共债务之上，原因在于财政包干制调动了地方积极性。与计划经济时期统收统支的财政体制相比，财政包干制调动了地方发展经济的积极性，与此同时"利改税""拨改贷"等政策简政放权，地方投资热情高涨，与此同时出现的

---

① 1949～1958 年，东北生产建设折实公债和地方经济建设公债都属于地方公共债券，地方政府负有直接偿债责任。

问题便是地方政府发展建设资金不足，地方政府发行正式的地方政府债券呼声越来越高。但 1985 年 9 月 9 日，国务院基于当时全国经济形势判断发行地方政府债券会加剧固定资产投资过猛，导致通货膨胀，因此要求各地政府不发行政府债券。中央政策虽然要求地方政府不发行政府债券，但由此也导致地方融资平台的出现。

在地方经济建设过程中，地方政府通过设立融资平台，而不是地方政府债券进行债务融资，地方融资平台可以追溯到 1986 年。1986 年 8 月，《国务院关于上海市扩大利用外资规模的批复》函文，允许上海自借自还利用外资，以促进上海城市基础设施建设（即 "94 专项"）。为保证该政策实施，在上海市国资委的监督管理下，上海市政府出资建立专门的经营公司，对 "94 专项" 户进行统一的资金筹措、调剂和管理，并于 1987 年 12 月 30 日正式成立上海久事公司。进一步，上海市政府继续扩大城市建设公司规模，于 1992 年 7 月，授权成立上海市城市建设投资开发总公司（简称为 "上海城投"），展开城市基础设施投资、建设和运营工作。上海市率先通过地方融资平台发行 "准市政债券"，此后，在上海市的带动下，全国各地政府也迅速成立本地融资平台，作为债务融资的工具，地方融资平台开始进入孵化期。

3.1.4　地方政府债务 "关前门、开后门" 阶段：1994 ~ 2008 年

根据政府部门、学界以及社会媒体等的共识，地方政府债务分为地方政府债券形式的 "前门" 债务和依托地方融资平台扩张表外债务（非地方政府债券形式）的 "后门"（毛捷，徐军伟，2019；郭玉清，毛捷，2019），1994 年以后我国地方政府债务的制度变迁围绕着开 "前门" 和堵 "后门" 向前发展。

为了缓解自 20 世纪 80 年代末以来中央财政入不敷出的状况，我国于 1994 年进行分税制财政体制改革，对中央和地方政府之间的税收分配制度及税收结构进行大规模的调整。分税制改革对地方政府的影响首先是地方政府财政自主权上升，地方政府的财政收支决策更为灵活；其次是财政缺口扩大，分税制改革使得财政收入集中于中央政府，地方政府财力水平严重收缩，致使地方政府层面财政资金缺口越来越大。1996 年全国范围内对各地预算外收入进行清理，

进一步加剧了地方财政压力。这一阶段我国《预算法》等财政预算制度明确禁止地方政府发行地方政府债券，地方政府债务的"前门"紧关。但中央赋予地方政府通过其他手段筹集财政资金的制度空间，那就是土地、金融和投资制度，这为地方政府通过融资平台间接融资提供了条件，因此依托地方融资平台的非政府债券形式地方政府债务成为地方财政收入的重要来源（缪小林，2015）。根据审计署结果[①]，超过90%的地级市政府和85%县级政府都通过政府预算外的途径进行举债融资。

这一阶段我国紧关地方政府债务"前门"的标志性法律和文件有三个。首先是《预算法》，1994年3月22日八届全国人大二次会议通过《预算法》（为与2014年修正后的《预算法》区别，本书称为旧《预算法》），旧《预算法》自1995年开始正式实施。根据旧《预算法》，地方各级政府不列赤字，也没有发行地方政府债券的权力。其次是原《担保法》（2021年正式废止），1995年6月正式实施的原《担保法》明确规定"国家机关不得为保证人"，从法律上消除了地方政府在经济合同上的担保权。最后是《贷款通则》，1996年8月开始实施由中国人民银行颁布的《贷款通则》中明确规定，"借款人不包括地方政府及其部门"。以上法律和制度规定对地方政府直接发行债券或举借债务进行了限制，但对于地方融资平台举债行为未作出规定，这为地方政府通过地方融资平台"开后门"举债融资提供了可能性。

除了预算相关制度外，我国的土地管理制度、金融制度以及政府投资体制为"开后门"的表外债务提供了重要支持（毛捷，徐军伟，2019；毛捷等，2020）。土地制度方面，《土地管理法》赋予了地方政府审批建设用地的权限，另外针对城市基础设施用地以及能源、交通等重点领域基础用地，地方政府可以划拨方式获得（第五十四条），以上规定为地方政府通过给融资平台划拨土地、土地注资提供了资产支持。金融制度方面，企业债券方面管理办法如《企业债券管理条例》《国家发展改革委关于进一步改进和加强企业债券管理工作的通知》以及《银行间债券市场非金融企业债务融资工具管理办法》允许企业在满足一定条件（如资金用途、资产规模、现金流等）下发行债务融

---

① 国家审计署《全国地方政府性债务审计结果》（审计署审计结果公告2011年第35号）。

资工具，为地方融资平台发行城投债提供了现实可能。政府投资体制规定上，2004 年《国务院关于投资体制改革的决定》要求深化投资体制改革，简化政府投资项目审批程序，落实企业的投资决策权，为地方融资平台开展实际业务提供了便利。

此期间除了依托地方融资平台的表外债务以外，还存在地方政府转贷国债的债务（名为国债，但实际转贷给地方政府，地方政府负有偿还责任）。地方政府转贷国债形式的出现主要由 1997 年亚洲金融危机引起，金融危机下扩大国内有效需求是应对金融危机冲击的重要手段，1998 年 8 月，中央决定增发长期建设国债转贷给省级政府①，用于地方的经济和社会发展建设项目，以促进国民经济持续稳定发展。此次转贷国债地方政府负有偿还本息的责任，不列入中央预算，也不作赤字处理。国债转贷给地方政府一直持续到 2005 年，转贷地方政府总额达 2650 亿元（1998 ~ 2005 年的转贷额分别为500 亿元、500 亿元、500 亿元、400 亿元、250 亿元、250 亿元、150 亿元、100 亿元②）。

地方融资平台自 20 世纪 80 年代出现以后，在此阶段得到巩固发展。各地融资平台债务融资方式主要有银行贷款和发行以企业债券为主的城投债。随着经济发展形势和城镇化建设的推进，各地融资平台数量不断增加，业务范围和融资方式逐渐多元化，具体表现为融资平台冠名为交投公司、城投公司和国有资产管理公司等，通过"银政合作""捆包贷款"等形式获得政策性贷款，并以财政预算或专项资金、政府性基金收入作为偿债来源（毛捷，徐军伟，2019）。

3.1.5 地方政府债务"前后门均开"阶段：2009 ~ 2014 年

2008 年金融危机席卷全球，为了应对金融危机对经济的冲击，我国实行积极的财政政策和适度宽松的货币政策，2008 年 11 月 5 日国务院召开国务院

---

① 参考《国债转贷地方政府管理办法》。
② 1998 ~ 2004 年数据来自财政部经济建设司有关地方国债转贷统计；2004 ~ 2005 年的数据来自中央和地方预算执行情况报告。

常务会议，会议明确进一步扩大内需、促进经济增长的十项措施①，这一揽子计划到 2010 年底约需投资 4 万亿元，即"4 万亿"投资计划。扩大内需 4 万亿元投资资金来源有两个②：一是新增中央投资 1.18 万亿元（占总额的 29.5%）；二是其他投资 2.82 万亿元（占总额的 70.5%），主要来自地方财政预算、中央财政代发地方政府债券、政策性贷款、企业（公司）债券和中期票据、银行贷款以及吸引民间投资等。为此，各地政府纷纷成立融资平台以筹集资金，融资平台进入加速发展时期，数量和融资规模迅速发展壮大，成为各地政府补缺口、保增长的重要手段，地方政府债务"后门"敞开。

地方融资平台举债规模快速扩张，债务风险也日益积累，中央各部门针对地方融资平台债务风险问题出台了相关政策：

（1）2010 年 6 月 10 日，中央出台《国务院关于加强地方政府融资平台公司管理有关问题的通知》（国发〔2010〕19 号，以下简称"19 号文"）。19 号文指出融资平台公司举债融资规模迅速膨胀，运作不够规范以及地方政府违规或变相提供担保等问题，并将融资平台分为三类，针对不同类别提出了不同的规范清理办法，最后重申地方政府不能为融资平台公司融资行为提供担保。

（2）2010 年 11 月，国家发改委也推出政策③以规范融资平台债券发行，主要对偿债资金来源、公司资产构成、主营业务收入等方面提出要求，同时将属地政府的负债水平（不超过 100%）作为红线。

（3）2011 年 6 月，国家发改委印发《国家发展改革委办公厅关于利用债券融资支持保障性住房建设有关问题的通知》（发改办财金〔2011〕1388 号），2010 年 10 月通过的"十二五"规划指出加快建设保障性住房是保障民生的重点工程，为此，1388 号文鼓励并引导市场资金通过债务融资方式来支持保障性住房建设。

---

① 这十项措施具体包括：（1）加快建设保障性安居工程；（2）加快农村基础设施建设；（3）加快铁路、公路和机场等重要基础设施建设；（4）加快医疗卫生、文化教育事业发展；（5）加强生态环境建设；（6）加快自主创新和结构调整；（7）加快地震灾区灾后重建各项工作；（8）提高城乡居民收入；（9）在全国所有地区、所有行业全面实施增值税转型改革，鼓励企业技术改造，减轻企业负担 1200 亿元；（10）加大金融对经济增长的支持力度。

② 数据来自中央政府门户网站，具体地址为：http://www.gov.cn/gzdt/2009－05/21/content_1321149.htm.

③ 《关于进一步规范地方政府投融资平台公司发行债券行为有关问题的通知》。

　（4）2012年底，原国土资源部、财政部、人民银行、原银监会四部委联合下发《关于加强土地储备与融资管理的通知》，强调土地储备机构确实需要融资的，应纳入地方政府性债务统一管理，执行地方政府性债务管理的统一政策。

　（5）2012年底，财政部、发改委、人民银行和原银监会四部委联合发文《关于制止地方政府违法违规融资行为的通知》，再次整顿地方政府采用集资、回购（BT）等方式违法违规融资行为。实际上，以上政策文件在实践中约束有限，同时地方金融信贷环境宽松，地方融资平台快速发展，地方融资平台债务规模也迅速膨胀。

　在2008年全球金融危机的冲击下，地方政府性债务除了敞开"后门"，地方政府债券也开始进入快速探索阶段，主要经历了"代发代还""自发代还""自发自还"三个阶段。

　（1）"代发代还"阶段（2009～2011年）。2009年2月18日，为实施好积极的财政政策、增强地方安排配套资金和扩大政府投资的能力，财政部印发《2009年地方政府债券预算管理办法》，被旧《预算法》等法律封闭的地方政府债券的"正门"被打开，地方政府债券进入了新的探索阶段。该管理办法规定，地方政府债券收入支出纳入当年地方政府预算账本，省级政府（包括计划单列市）为地方政府债券的发行主体，由财政部统一代理发行，地方政府负有直接偿还责任，还本付息工作交由财政部统一办理。债券支出主要用于地方公益性建设项目，包括保障性安居工程、农村基础设施、医疗教育等社会事业基础设施、生态建设工程以及灾后重建等民生项目建设。2009～2011年，地方政府债券每年的发行规模为2000亿元，期限为3年或5年。

　上述模式被称为地方政府债券中央"代发代还"，主要特点如下：第一，在中央审批下运行。地方政府当年发行债券额度需要报请国务院批准，债券发行和偿还工作均置于财政部统一管理之下。第二，可自由流通。经批准发行的地方政府债券可在全国银行间市场以及证券交易所等金融场所流通，相较于新中国成立初期的地方经济建设公债有了实质性进步。

　（2）"自发代还"阶段（2011～2013年）。在"代发代还"成功运行的基础上，2011年10月，财政部进一步推行地方政府自行发债试点工作，以建立规范的地方政府举债融资机制。根据试点办法（《2011 年地方政府自行发债试点办法》），第一批试点地区有上海、浙江、广东和深圳四省市，同时规定试点地区自行组织本地政府债券发行和债券承销等工作，到期后由财政部代办还本付息工作，该模式即为"自发代还"模式。截至 2011 年底，上海、浙江、广东和深圳四个试点省（市）分别自发政府债券 71 亿元、67 亿元、69 亿元、22 亿元①。2011 年试点地区发行的地方政府债券期限为 3 年或 5 年，2012 年 5 月增加了 7 年期限②，至此，地方政府债券期限有 3 年、5 年和 7 年三类。

在第一批试点成功试行后，2013 年财政部决定扩大试点范围。根据当年自行发债试点办法③，将江苏和山东纳入试点省市，同时也提出要逐步推进建立信用评级制度。不过，"自发代还"模式使地方政府债券具有一定的准"国债"性质，市场主体对其信用判断会考虑中央财政的兜底，信用评级工作并未实质性展开（郭玉清，毛捷，2019）。

（3）"自发自还"阶段（2014 年）。有了"代发代还"和"自发代还"的成功经验以后，2014 年 5 月，地方政府债券运行模式出现了新的变化，财政部决定将"代发代还"和"自发代还"模式进一步改为"自发自还"试点（《2014 年地方政府债券自发自还试点办法》）。与之前地方政府债券由财政部代理发行同时代办还本付息不同，"自发自还"试点地区自行组织本地区政府债券发行和偿还本息工作，财政部不再代理上述工作，即为"自发自还"模式。"自发自还"试点地区在"自发代还"试点省市的基础之上，增加了北京、青岛、宁夏、江西四省（区、市），地方政府债券自发自还试点范围推广到 10 个省（区、市）。

"自发自还"模式下中央政府退出债券发行和还本付息程序，旨在引导建立基于市场的地方政府债券信用评级制度，但限定规模和期限在控制风险的同时，也隐匿了各地偿还能力差异，导致债券利差难以反映各地的风险差异，甚至出现地方政府债券发行利率低于同期限国债利率的"利率倒挂"现象（王治国，2018），因此"自发自还"与完全市场化的债券仍有差距。总体而言，

---

① 数据来自中国债券信息网（www.chinabond.com）中地方政府债券资料查询。
② 具体规定参见《2012 年地方政府自行发债试点办法》。
③ 具体文件为《2013 年地方政府自行发债试点办法》。

"自发自还"试点是我国进一步规范地方政府举债、探索市场化发展的重要举措，也为新《预算法》实施后规范管理地方政府债券奠定了重要基础。

3.1.6　地方政府债务"开前门、堵后门"阶段：2014年至今

2014年8月31日，十二届全国人大常委会第十次会议通过新修订的《预算法》（本书简称为新《预算法》），新《预算法》规定，各省级单位可以发行地方政府债券筹集建设资金（第35条）。① 新《预算法》明确了地方政府有举债权，举债主体为省级政府，债务类型为地方政府债券，举债限额由国务院确定，同时规定了债务用途、债务偿还、债务监督等基本要素，其整体模式为预算约束下自发自还地方政府债券。至此，地方政府举债的"前门"完全打开，同时通过地方融资平台举债的"后门"逐步关闭，我国地方公共债务进入法律约束与管理的新阶段。

（1）"开前门"。为了保证新《预算法》的落地实施，中央出台了一系列包括分类管理、限额管理以及风险控制等政策文件。2014年9月国务院推出《国务院关于深化预算管理制度改革的决定》，该文件提出"规范地方政府债务管理，防范化解财政风险"，进一步明确市县级政府举借债务可通过省政府代为举借，对地方政府债务实行规模控制和分类管理，分为一般债务和专项债务，在考核问责机制上将政府性债务作为一个硬指标纳入政绩考核。2015年12月，为了进一步规范地方政府债务管理，更好发挥政府债务促进经济社会发展的积极作用，财政部发布了《关于对地方政府债务实行限额管理的实施意见》（以下简称《意见》），《意见》规定地方政府债务总额由国务院确定、报全国人大批准、由财政部逐级下达分地区指标，同时也强调建立健全地方政府债务风险防控机制和妥善处理存量债务，其中"健全地方政府债务监督和考核问责机制"中强调了人大的监督作用。中央在统筹地方政府债务工作的

①　之后，2018年12月，第十三届全国人民代表大会常务委员会第七次会议对《预算法》进行了修订，但修订内容只有一处（即将第88条中的"监督检查本级各部门及其所属各单位预算的编制、执行"修改为"监督本级各部门及其所属各单位预算管理有关工作"），《预算法》中涉及地方政府债务相关条文并未改动。因此，将2014年新《预算法》颁布和实施作为地方政府债务制度变迁的一大重要节点。

同时，也非常重视地方政府风险问题，旨在硬化地方政府预算约束。如 2016年 10 月明确传达"中央实行不救助原则"，并清晰区分各级政府在债务风险应急中的责任；同年，针对存量地方政府债券、或有债务制定了不同的处置办法①。

2016 年 11 月，财政部同时印发《地方政府一般债务预算管理办法》和《地方政府专项债务预算管理办法》，从债务限额、预算编制和批复、预算执行和决算、非债券形式债务管理以及债务监督等方面作了详细、规范性说明。根据上述管理办法，一般债务和专项债务都只能用于公益性资本支出，不能用于经常支出，并分别纳入一般公共预算和政府性基金预算，实行预算管理。需要注意的是，中央对一般债务和专项债务的还本付息作了详细规定，其中本金可以通过政府预算收入和发行债券偿还，但利息不能通过发行新债券偿还，且专项债务收支应当实现项目平衡。为了保证地方政府一般债务和专项债务的顺利运行，2020 年 8 月，国务院颁布《预算法实施条例》，对地方政府债务的预算管理作出了进一步说明。

除了对地方政府债务的预算管理进行相关规定以外，国家也注重债务监督工作，以防范财政金融风险。在 2016 年 11 月、2018 年底以及 2021 年 2 月分别出台了财政监察专员办事处监督办法，《地方政府债务信息公开办法（试行）》和正式的《地方政府债券信息公开管理办法》②。

随着我国经济社会发展要求的变化，供给侧结构性改革成为经济高质量全面发展的新动力。地方政府专项债务追求收支实现项目平衡，但此前我国地方政府专项债券尚未细化具体品种，市场难以判断收益各异的专项债务风险，专项债务无项目差异的市场风险存在一定隐患。因此，为更好发挥政府规范举债促进经济社会发展的积极作用，自 2017 年开始，我国逐步完善地方政府专项债券制度，发展项目收益与融资自求平衡的专项债券品种，打造符合我国实际的"市政项目收益债"。2017 年 6 月财政部公开了《关于试点发展项目收益和融资自求平衡的地方政府专项债券品种的通知》，鼓励各地积极探索发展分类

---

① 详细规定参考《地方政府性债务风险应急处置预案》《地方政府性债务风险分类处置指南》。

② 具体政策文件包括《财政部驻各地财政监察专员办事处实施地方政府债务监督暂行办法》《地方政府债务信息公开办法（试行）》《地方政府债券信息公开管理办法》。

专项债券。项目收益与融资自求平衡的专项债务品种首先从土地储备领域开始试点①，并于 7 月 21 日，福建省在上海证券交易所完成全国首单土地储备专项债券的发行。之后，2017 年 6 月和 2018 年 3 月，财政部联合其他部门决定在政府收费公路领域和棚户区改造领域开展专项债券试点②，项目收益与融资自求平衡的专项债券延伸到政府收费公路领域和棚户区改造领域。随着地方政府专项债券管理日益精细化发展，除了中央层面，地方也开始积极探索其他项目收益和融资自求平衡的地方政府专项债券品种，2017 年 12 月，深圳市成功发行 2017 年深圳市轨道交通专项债券，这是全国首例轨道交通专项债券。

近两年来，为了满足地方政府债券的市场需求，丰富地方政府债券的业务发展，同时规范化地方政府债券的管理，以充分发挥地方政府债券的积极作用，我国逐步加强金融市场的约束，在债券信息披露、信用评级、债券发行、债券业务等具体实务上积极探索。例如 2019 年中共中央办公厅、国务院办公厅《关于做好地方政府专项债券发行及项目配套融资工作的通知》、财政部办公厅《关于启用地方政府新增专项债券项目信息披露模板的通知》、中国国债协会《地方政府债券信用评级业务自律规范指引》、财政部《关于加快地方政府专项债券发行使用有关工作的通知》、财政部《关于地方政府债券发行管理办法的通知》、财政部《关于进一步做好地方政府债券柜台发行工作的通知》和《财政部关于印发〈地方政府债券信用评级管理暂行办法〉的通知》等。

（2）"堵后门"。尽管早在 2010 年，国家就注意到了地方政府违法违规融资行为，也出台了一些政策（以"19 号文"为代表）清理地方政府融资平台公司以及制止地方政府违法违规融资行为，但实际效果甚微。2014 年新《预算法》颁布后，我国开始制定一系列措施以"堵后门""堵偏门"。

2014 年新《预算法》出台后，从法律高度明确规定地方政府不能以任何方式对限额管理之外的债务进行担保。2014 年 10 月 2 日，《国务院关于加强地方政府性债务管理的意见》（国发〔2014〕43 号，以下简称"43 号文"）正式下发，具体细化了地方政府性债务管理的意见。"43 号文"最重要的一条是

---

① 见《地方政府土地储备专项债券管理办法（试行）》。
② 见《地方政府收费公路专项债券管理办法（试行）》和《试点发行地方政府棚户区改造专项债券管理办法》。

"剥离融资平台公司政府融资功能，融资平台公司不得新增政府债务"，这一文件出台意味着融资平台为地方政府融资的功能不复存在。"43 号文"中要求"妥善处理存量债务和在建项目后续融资"，对地方政府性债务存量进行甄别，甄别基础是 2013 年 6 月审计署公布的全国政府性债务审计结果（2013 年第 24 号），具体地，将地方政府性债务划分为政府负有偿还责任的债务、政府负有担保责任的或有债务和政府可能承担一定救助责任的其他相关债务三种类型。同月，财政部印发《地方政府存量债务纳入预算管理清理甄别办法》，首先是清理债务（将地方政府性债务与公司债务分开），再是甄别工作（将政府性债务分为一般债务和专项债务），要求各地逐笔核对债务明细数据，再进行逐笔甄别，根据是否有项目收益以及计划偿债来源，将存量债务分别归类为一般债务和专项债务，最终纳入预算管理，为之后的地方政府债务管理奠定了重要基础。

剥离地方融资平台为地方政府融资功能以后，国家开始清理整改地方政府违规担保问题，同时强化地方融资平台融资管理，促进地方融资平台公司转型发展（由地方政府投融资主体向城市基础设施运营商或从事其他经营业务转型）。但同时新的投融资模式（PPP、政府投资资金等）得到推广，地方融资平台利用相关过渡性政策，借助新的投融资模式进行不规范甚至违法违规举债，导致 2015~2017 年以地方融资平台债务为典型形式的隐性债务规模扩张。针对此，2017 年 5 月，中央六部门联合发文①，就地方政府违法违规担保、融资平台公司管理和新型的 PPP 形式债务进行清理和整改，并要求建立跨部门联合检测和防控机制。同时以政府购买形式的地方公共债务也出现在公众视野，财政部也对此进行了规范和清理②。

以上违法违规举债即为地方政府隐性债务，针对地方政府隐性债务问题，党中央、国务院从高层战略开始密集出台政策进行治理和防控。2017 年 7 月 14~15 日召开的第五次全国金融工作会议、7 月 24 日召开的中共中央政治局会议和 7 月 28 日召开的国务院常务会议都专门提出地方政府债务，对地方债务治理作出了明确的部署。习近平总书记在全国金融工作会议上，要求建立终身问责制，严控地方政府债务增量；中共中央政治局会议上首次提及隐性债务

---

① 具体文件名为：《关于进一步规范地方政府举债融资行为的通知》。
② 详细规定参考《关于坚决制止地方以政府购买服务名义违法违规融资的通知》。

问题，要求坚决遏制隐性债务增量；7月28日国务院常务会议也强调了遏制地方政府违法违规举债的决心，并重点纠正PPP、政府投资资金和政府购买服务中的违规行为。同年，中央经济工作会议和全国财政工作会议也都提出要加强地方政府债务管理，强化地方政府债务风险控制。

2017年党中央和国务院传递出了地方隐性债务管控的态度，2018年开始针对地方隐性债务治理的文件频频出台。2018年2月财政部《关于做好2018年地方政府债务管理工作的通知》明确要开好"前门"，稳步推进政府债券管理改革，又要严堵"后门"，加大财政约束力度，坚决制止和查处各类违法违规或变相举债行为。2018年2月，国家发改委办公厅和财政部办公厅共同出台《关于进一步增强企业债券服务实体经济能力严格防范地方债务风险的通知》，通知中强调申报企业债券的企业资格，"严禁将公益性资产及储备土地使用权计入企业资产"，也严禁涉及与地方政府信用挂钩的虚假陈述等，从企业实务方面进一步划清企业债券与地方政府的关系。2018年3月，中共中央办公厅印发《关于人大预算审查监督重点向支出预算和政策拓展的指导意见》，要求人大预算审查监督重点向支出预算和政策拓展，进一步明确提出"积极稳妥化解累积的地方政府债务风险，坚决遏制隐性债务增量，决不允许新增各类隐性债务"。2018年3月，财政部下发《关于规范金融企业对地方政府和国有企业投融资行为有关问题的通知》，要求"国有金融企业除购买地方政府债券外，不得直接或通过地方国有企事业单位等间接渠道为地方政府及其部门提供任何形式的融资，不得违规新增地方政府融资平台公司贷款"。接着，《中共中央　国务院关于防范化解地方政府隐性债务风险的意见》《中共中央办公厅　国务院办公厅关于印发〈地方政府隐性债务问责办法〉的通知》《地方政府债务和隐性债务口径及认定标准》《地方政府债务统计监测工作方案》和《财政部地方全口径债务清查统计填报说明》等政策的出台，2018年审计署对各地隐性债务进行了全面审计，财政部也逐步开始摸清隐性债务规模，为治理地方政府隐性债务提供了进一步的条件。2018年10月，国务院办公厅推出《关于保持基础设施领域补短板力度的指导意见》，要求"防范存量隐性债务资金链断裂风险""防范化解地方政府隐性债务风险和金融风险"，严禁违法违规融资担保行为，严禁以政府投资基金、政府和社会资本合作（PPP）、政府购买服务等名义变相举债。针对 PPP 项目引发的地方政府隐性债务问题，财政部分别于 2019 年 3 月、5 月印发《财政部关于推进政府和社会资本合作规范发展的实施意见》和《财政部办公厅关于梳理 PPP 项目增加地方政府隐性债务情况的通知》，坚决遏制假借 PPP 项目增加地方政府隐性债务风险。

3.1.7　小结

我国地方政府债务起源于 1949 年的东北生产建设折实公债，经过 70 多年的发展变迁，至今已形成了规范的地方政府债务（一般债务和专项债务），在经济社会发展中发挥着重要作用。现阶段地方政府债务治理的中心是防范化解地方政府债务风险，同时规范地方政府举债融资机制，治理特征上思路更科学、管控模式系统化、监管主体多元化。纵观我国地方政府债务的发展过程，始终与特定历史条件下的经济社会背景相适应，其制度变迁过程具有如下特点。

（1）地方公共债务出现的直接客观原因是财政资金不足。不论是新中国成立初期的地方公债，还是改革开放以来的政府债务，地方政府举债融资的直接原因都是地方财政资金不足。1949 ~ 1958 年，我国刚经历了长期的战争，经济发展处于初期阶段，财政资源匮乏，经济建设资金不足；1979 ~ 1993 年，此期间财政包干制调动了地方发展经济的积极性，地方投资热情高涨，但基本建设资金不足；1994 ~ 2008 年，分税制改革将支出责任下放给地方政府，但同时财力向上集中，地方政府出现财权事权不匹配问题，在此背景下地方融资平台出现；2009 ~ 2014 年，2008 年经济危机给全国经济带来巨大负面冲击，中央出台"四万亿"救市计划，但要求地方政府配套财政资金，地方政府需要通过各种方式筹集财政资金；2014 年以来，我国开始"开前门""堵后门"，通过债务置换将存量债务纳入政府预算，伴随着"减税降费"、供给侧结构性改革等宏观政策的实施，地方政府仍然有很大的财政资金需求，地方政府债务规模逐年增长，同时地方政府隐性债务依旧存在也是很好的佐证。总之，地方政府债务出现的直接客观原因是财政资金的不足，在特定历史条件下，由于法律以及政策限制，出现了不同形式的债务类型。

（2）地方公共债务服务于经济社会发展，主要是经济发展，需要从发展的视角理解。制度经济学将制度内生化，认为制度是社会长期发展的决定性因素，制度变迁为经济增长提供动力。我国地方公共债务的制度变迁过程，是基于国家对宏观制度的整体判断，这正是我国国家制度变迁的一个缩影，也为长期经济发展提供了新动力。从地方政府债务用途来看，我国地方政府债务在任何阶段都服务于经济社会发展，主要表现为经济发展，也包含了环境保护、保障房建设等民生发展，除此之外也成为解释"中国经济增长之谜"的重要理论（贾俊雪，郭庆旺，2011；范剑勇，莫家伟，2014）。根据审计署公告①，地方政府性债务资金主要投向交通运输、市政建设、土地收储等经济建设方面。因此，地方政府债务首先是为地方提供公共服务，属性是公共品而非私人物品，其职能是服务于地方经济社会发展。2014 年以前，我国经济处于高速增长阶段，主要靠投资驱动，地方政府债务主要服务于经济发展；2014 年以来，我国经济发展进入"新常态"全面高质量发展阶段，经济增长的质量、效率以及动力都发生了根本性变革，地方政府债务的作用除了促进经济发展，也逐渐关注民生和社会发展。因此，正确理解地方政府债务的作用，应该结合特定历史阶段，从发展的视角理解其发挥的作用，不能否认地方政府债务的积极作用。

（3）我国地方公共债务治理始终围绕着发展和安全两条主线展开。一方面，地方公共债务实质上是一种财政工具，具有经济发展和经济稳定的宏观职能。从改革开放以来，发展始终是我国的国家战略，当国家在经济社会发展过程中出现动力不足的问题时，国家及时出台债务政策，地方公共债务充当了宏观政策的角色，例如，1997 年和 2008 年两次经济危机的冲击，地方公共债务为危机下实行积极财政政策保证财政资金，促进国民经济的发展。另一方面，我国也同样强调国家安全问题，全国各地在进行债务融资过程中出现了诸多不规范甚至违规的操作（例如一直难以解决的地方政府隐性债务问题），或是债务规模、效率等债务风险问题，此类因素都会威胁到整个国家安全。为了避免安全隐患累积，我国针对不同阶段、不同形式的地方公共债务出台了不同的治

---

① 审计署 2013 年第 24 号公告：《36 个地方政府本级政府性债务审计结果》。

理政策。纵观地方公共债务 70 多年来的发展变迁过程，我国地方公共债务治理始终围绕着发展和安全两条主线，寓活力于秩序中。

（4）我国地方公共债务管控由以市场约束为主转为以法律、政策约束为主。2014 年以前，旧《预算法》规定地方政府没有举债权，地方政府债务的管控主要依靠市场，或通过中央发行相关条例、通知等政策文件，始终没有直接的法律依据。由于缺乏明确的法律条文，地方政府债务治理具有"激励导向型"，市场约束容易受到地方政府政治权力的干预，管控效果不佳，这直接导致了我国地方政府债务出现了以融资平台债务为主要形式的隐性债务，其规模也不断扩张，债务风险也日益增高（郭玉清等，2020）。2014 年新《预算法》从法律高度对地方政府债务进行了规定，之后频繁出台的地方政府债务管控政策都以新《预算法》作为法律基础，地方政府债务治理开始转为以法律、政策约束为主，以绩效为导向。长期以来，我国地方政府债务的管控缺乏法律约束，地方政府在经济社会发展实践中很容易通过违法、违规或变相隐匿形式进行举债融资（地方融资平台、PPP 等隐性债务问题），新《预算法》实施以后，我国地方政府债务的管控政策以此为法律基础，地方政府债务治理进入了新的发展阶段。

（5）地方公共债务扩张具有制度基础，与我国经济、政治等方面制度息息相关。国家发展战略与国家能力理论相关，新制度经济学认为国家具有最大制度供给者、产权界定和保护者、第三方实施者以及不同利益集团利益关系协调者四大职能，中国是世界上最大的发展中国家，改革与发展始终是我国的发展战略和方向，因此在发展过程中不断变迁的制度构成国家能力的重要内容。考察我国地方政府债务的制度变迁过程，可以发现财政制度是地方政府债务规模扩张的首要因素。20 世纪 80 年代开始的财政包干制和 1994 年的分税制改革都极大调动了地方发展的积极性，各级政府间的财政关系处于动态调整变化中，长期以来，我国财政分权制度主要集中于收入端（吕冰洋等，2018；毛捷等，2018）。总体上看，1994 年以来我国市县政府的税收分成比例逐渐上升，调动地方发展积极性的同时，也提高了地方政府举债融资的能力（毛捷等，2019）。与财政制度交织在一起，同时我国隐性金融分权的金融制度、土地制度为地方政府提供了资源禀赋（毛捷，徐军伟，2019；张莉等，2018），地方政府通过资源组合，以债务融资形式撬动市场中的资源。其次，在现有多层级政府管理制度下，我国地方政府债务治理模式由上至下（中央出台相关政策文件，地方负责执行），主要以行政区域为基本单位，行政区划制度构成了上述治理模式的客观基础。因此，地方政府债务规模与行政区划制度也有密切关系，行政区划制度变更会导致地方债务规模发生变化。最后，我国地方政府债务中很大部分是隐性债务，债务类型以银行贷款和市场债券（非地方政府债券）为主，而现行政治制度中地方领导人的决策具有重要作用，地方主要领导人在实践中如何运用政治权力，会影响地方债务融资决策，导致各地债务风险存有差异。

3.2　地方公共债务的现实状况

地方融资平台债务是中国地方隐性债务中的重要部分，也是我国地方公共债务中的重要部分。本节结合地方融资平台的现实数据和实际案例，对融资平台概况和债务情况进行整体介绍。

3.2.1　融资平台概况

实务操作中，由于只有公开发行过债券的融资平台需要主动公开其财务报表、评级报告、审计报告以及与每只债券对应的募集说明书，其他融资平台一般不公开其公司业务情况。为此，此部分以截至 2020 年 12 月 31 日仍有存量债务的融资平台名单①作为分析样本，分别从地方融资平台的行政级别、主体

---

① 原始名单和数据来自广发证券研究所固定收益团队（简称"广发固收"），其判定信用债发行主体是否为融资平台的标准为：第一，看公司实际控制人，若公司实际控制人不是地方政府或相关部门，则排除；第二，根据公司从事的业务，判断是否帮助地方政府完成某项职能（融资平台业务类型主要分为基础设施建设、土地开发整理、棚户区改造、交通建设运行、公用事业、文化旅游和国有资本运营 7 大类），若不是则排除。本书根据徐军伟等（2020）的筛选过程，对上述名单进行了再次筛选。需要说明的是，选取的截止时间不同会导致融资平台名单存在部分差异，原因在于每个时间点可能有融资平台债务已经还清或已经转型变成自主经营、自负盈亏的市场主体，同时也有首次发债形成新增的融资平台。

评级、平台定位及股东情况等方面展开分析。本书第 4～6 章中实证分析的债务数据基于毛捷等（2019）和徐军伟等（2020）整理形成的融资平台名单，此章节中的融资平台名单与上述口径存在部分差异①，主要在于时间节点选取不同，原因在于每个时间点可能有融资平台债务已经还清或已经转型变成自主经营、自负盈亏的市场主体，同时也有首次发债形成新增的融资平台。虽然选取的时间节点不同，导致地方融资平台数量上存在差异，但对本书的分析没有影响。

（1）行政级别。根据最新融资平台名单，表 3-1 展示了融资平台的行政级别构成。从表中可以看到，我国地方融资平台数量主要集中在区县级，占比达 46.56%；其次是园区和市级，占比分别为 24.21% 和 23.85%；省级融资平台数量最少，仅有 148 家。

表 3-1　　　　　　　　　　融资平台的构成：行政级别

行政级别	数量（家）	占比（%）
省级（含直辖市）	148	5.38
市级	656	23.85
区县级（含直辖市市区）	1281	46.56
园区	666	24.21
其中：国家级园区	368	13.38
省级园区	123	4.47
其他	175	6.36
总计	2751	100

单从融资平台数量看，省以下融资平台构成了我国地方融资平台的绝大部分，因此在研究地方公共债务时，尤其是研究以融资平台债务为主要代表的地方隐性债务时，将研究视角集中在地级市（含下辖区、县）具有很强的代表性，研究结论也具有一般性。本书中的地方公共债务视角正是基于地级市层

① 毛捷等（2019）和徐军伟等（2020）的统计时间截至 2018 年，融资平台数量共计 2571 家，本书将本章节中的名单与其口径对比，发现两个名单的重复率为 70%（1801/2571），考虑到 2018～2020 年融资平台的退出和新增，可以认为两个口径基本一致。由于整理融资平台债务数据工作量的问题，本书债务数据未更新到 2020 年，这在未来研究中会得到解决。

面，通过重新整理融资平台名单口径，手工收集融资平台债务数据，并以该数据作为基础研究我国地方公共债务扩张的制度因素。

（2）地区分布。融资平台数量在地区分布上存在差异，一半以上集中在东部省份。表3-2统计了各省份融资平台的数量与占比，其中江苏省全国第一，融资平台数量达529家，在全国占比为19.23%；其次是浙江省，2020年底拥有341家融资平台；四川省、山东省、湖南省超过150家，中部地区的湖北省、安徽省、江西省以及西部地区的贵州省、重庆市融资平台数量超过100家，其余省份的融资平台数量均低于100家。

表3-2　　　　　　　　　　融资平台数量的地区分布

省份	数量（家）	占比（%）	省份	数量（家）	占比（%）
江苏	529	19.23	天津	43	1.56
浙江	341	12.40	辽宁	39	1.42
四川	201	7.31	新疆	38	1.38
山东	195	7.09	上海	36	1.31
湖南	167	6.07	河北	32	1.16
贵州	121	4.40	北京	31	1.13
湖北	118	4.29	吉林	21	0.76
安徽	117	4.25	内蒙古	21	0.76
重庆	117	4.25	甘肃	18	0.65
江西	116	4.22	山西	18	0.65
河南	87	3.16	黑龙江	13	0.47
福建	78	2.84	宁夏	8	0.29
广东	68	2.47	青海	4	0.15
陕西	65	2.36	海南	2	0.07
云南	56	2.04	西藏	2	0.07
广西	49	1.78	其中：东部地区	1432	52.05
中部地区	657	23.88	西部地区	662	24.06

直观上看，我国地方融资平台的数量主要集中在东中部地区，西部地区相对较少。东中部地区经济发展程度较高，地方政府财力相对充裕，为什么在这

些省份却存在更多的融资平台呢? 一般认为, 地方融资平台的出现主要是地方财力短缺导致的, 本书观察的现实结果却相反。为此需要结合我国地方融资平台的运行过程以及发展模式, 深入思考地方融资平台存在及其影响债务规模的原因。

(3) 平台定位。地方政府成立融资平台的目的是为经济社会综合发展融资, 根据不同的需求, 此部分将所有融资平台按平台定位进行分类。表3-3对所有融资平台的定位进行了分类和统计, 由于同一融资平台可能有多重定位, 根据数据情况, 绝大部分融资平台的定位具有双重性 (同时具有两种定位), 为此分别在表3-3中的分类1、分类2进行汇报。

表3-3 融资平台的平台定位

分类1			分类2		
平台定位	数量 (个)	占比 (%)	平台定位	数量 (个)	占比 (%)
基础设施建设与运营	2117	77.18	基础设施建设与运营	890	48.06
其中: 交通基础设施建设	144	5.25	其中: 交通基础设施建设	10	0.54
水利基础设施建设	19	0.69	水利基础设施建设	61	3.29
农业、农村基础设施建设	2	0.07	农业、农村基础设施建设	0	0.00
园区开发基础设施建设	24	0.87	园区开发基础设施建设	4	0.22
住房基础设施建设	140	5.10	住房基础设施建设	475	25.65
土地开发整理	88	3.21	土地开发整理	732	39.52
文化旅游、水电气供应和水务处理	356	12.98	文化旅游、水电气供应和水务处理	30	1.62
国有资本运营	69	2.52	国有资本运营	16	0.86
其他公用事业	113	4.12	其他公用事业	181	9.77
合计①	2743	100	合计	1852	100

注: 分类1的总计数据, 由于部分融资平台公司公开信息中未披露其定位, 因此与表3-2的数量总计不一致。

通过比较分类1和分类2中融资平台的定位, 可以发现, 地方融资平台的主要定位是基础设施建设与运营以及土地开发整理，少部分为文化旅游、水电气供应、水务处理以及国有资本运营。其中基础设施建设运营中重要的内容是交通基础设施建设和住房基础设施建设，前者包括公路、铁路、轨道交通以及水运建设；后者包括安置房和保障性住房。由此可以看出，我国地方融资平台主要服务于经济发展，其次是民生性服务，融资平台为地方经济发展提供了资金支持。这也说明，要准确理解我国地方公共债务问题（本书中指的是地方融资平台债务），需要结合我国的经济发展模式这一大背景，经济发展一直是我国发展的重要目标和内容，在现有财政体制约束下，地方融资平台配合地方经济社会发展应运而生，并不断发展。

（4）股东情况。根据融资平台披露的公开信息，我们整理了所有融资平台的第一大股东，具体情况见表3－4。考察表3－4可以发现，我国地方融资平台的最大股东主要为地方国资委①（包括其下属部门）和大型融资平台，这两种控股形式在所有融资平台数量中占比超过70%；其中最大股东为地方国资委的融资平台数量达1131家，是地方政府设立融资平台的主要部门；其次是当地大型融资平台，主要指的是以当地国资委为代表的政府部门控股的融资平台，地方政府通过大型融资平台以控制旗下的次级融资平台，通过大型融资平台的多级控股以实现对所有融资平台的控制；除此之外，融资平台的最大股东还包括本级人民政府，财政部门，开发区、新城（区）管理委员会以及其他政府部门（包括交通部门、水利部门、土储部门、工信部门、发改委等部门）。

表3－4　　　　　　　　　融资平台的最大股东情况

第一大股东	数量（家）	占比（%）
地方国资委（包括下属部门）	1131	41.11
大型融资平台（当地国资委等政府部门控股）	897	32.61
人民政府	235	8.54
财政部门	207	7.52

① 全称为国务院国有资产监督管理委员会，是国务院直属正部级特设机构，代表国家履行出资人职责，在各地设有地方国资委。

第一大股东	数量（家）	占比（%）
开发区、新城（区）管委会	186	6.76
其他政府部门	95	3.45
合计	2751	100

一般而言，现代公司治理结构中，第一大股东基本也是实际控制人。从融资平台的第一大股东情况可以发现，地方融资平台的实际控制人直接或间接为地方政府部门，地方政府依靠不同部门设立融资平台公司，并通过市场化操作设立子公司或控股的形式，最终形成多层级和多样式的融资平台关系网。

地方融资平台的股东情况主要为地方国资委，这可以结合制度经济学中的交易费用和产权理论进行理解。地方通过地方政府部门控制融资平台，一方面可以最大程度降低交易费用，如果地方融资平台是独立于政府部门的市场主体，地方政府要通过其实现债务融资需要有大量不确定性的市场交易成本、运转实施成本和管理性交易成本，而通过地方国资委等政府部门可以确保融资平台的决策符合地方政府的利益，降低交易费用。另一方面赋予地方融资平台相应的产权以确保融资平台运转，产权的基本功能可以概括为激励和约束功能、外部性内在化以及资源配置功能。地方政府通过政府部门的实际控制，二者利益的绑定，明确界定了融资平台的功能，进而确保了融资平台产权，减少了对未来预期的不确定性；与此同时这一确定的产权关系（或者说政府信用）使得金融市场对融资平台有较高的信心，市场金融资源分配上会倾向于融资平台。

3.2.2 债务规模情况

毛捷等（2019）和徐军伟等（2020）基于 Wind 数据库重新整理出可靠口径的地方融资平台名单，在此基础上通过中国货币网、中国债券信息网、中国银行间市场交易商协会、上海证券交易所以及深圳证券交易所等，手工收集和整理了相关债务信息。其中，融资平台的城投债为标准化业务，包括企业债、公司债、银行间债券市场非金融企业债务融资工具（中期票据、短融、资产支持票据、非公开定向债务融资工具）、私募债、资产证券化等，主管部门分别为发改委（国家发展和改革委员会）、中国银行间市场交易商协会和证券交易所（上海证券交易所和深圳证券交易所）；除了标准化业务以外，融资平台还通过银行贷款、产业基金、融资租赁、信托等业务进行债务融资，这些业务被称为非标债务（非标准性业务形成的债务），地方融资平台的城投债和非标债务组成了融资平台有息债务（也称为融资平台债务、城投债务、融资平台债务等）。本书的融资平台债务数据来自上述文献，此部分从总量上对我国地方融资平台有息债务规模进行描述。

（1）融资平台债务绝对规模的年度变化趋势。地方融资平台的绝对规模可以从发行额（增量）以及余额（存量）两个维度进行考察。图3-1分别为2006~2018年全国地方融资平台城投债发行额、城投债余额以及有息债务余额的年度变化趋势。

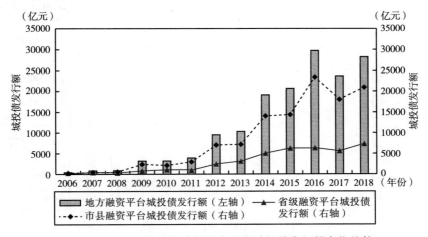

图3-1 2006~2018年地方融资平台城投债发行额变化趋势

城投债发行额方面，2006~2016年一直保持着持续稳定增长的趋势，2016年达到峰值，当年发行额接近3万亿元；2017年发行额规模小幅下降，2018年又回弹至2.8万亿元以上。融资平台城投债发行额的变化与相关政策息息相关，其中有几个重要节点。一是2008年全球经济危机，中央出台"四万亿"刺激计划，发改委实施积极中央政策，从而鼓励地方融资平台公司发行企业债券；二是 2012 年发改委和银行间交易商协会进一步放松了城投债发行条件①，主要针对的是发行主体条件；三是 2015 年 5 月发布的《国家发展改革委办公厅关于充分发挥企业债券融资功能支持重点项目建设促进经济平稳较快发展的通知》在余额占 GDP 的预警线和募集资金使用上对城投债发行条件放松，2015 年银行间交易商协会与主承销商通气会上释放出放松城投债务融资工具发行的信号，一是放松了额外出具说明的主体范围；二是放松了募集资金用途。

结构上发行城投债的融资平台主要以市县融资平台为主，市县融资平台城投债发行额增长幅度远大于省级融资平台，2018 年市县融资平台城投债发行额在所有融资平台中占比超过 70%，市县融资平台是地方融资平台中的最大组成部分。

图 3 - 2 描述了 2006 ~ 2018 年地方融资平台城投债余额变化趋势，与发行额有所不同，城投债余额规模一直保持着持续增长。城投债余额从 2006 年的467.7 亿元一直增长到 2018 年的 9.7 万亿元，其中，2009 年增速达到峰值，

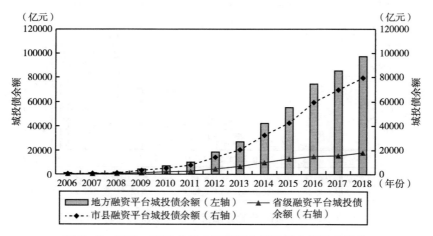

图 3 - 2　2006 ~ 2018 年地方融资平台城投债余额变化趋势

---

①　2012 年 7 月，发改委放松城投债发债要求，明确无论是否纳入银监会"黑名单"，只要有地方银监会出具的"非平台证明文件"即可发行城投债；2012 年 7 月，银行间交易商协会放松可发行债券名单，将"六真原则"（真公司、真资产、真项目、真支持、真偿债、真现金流）放松为四类（产业类公司、全民所有制企业、保障房建设和 19 号文件中支持的地铁轨交项目）。

为187%；2010～2014年为快速增长阶段，年平均增速为60%；2014年新《预算法》实施以来，城投债余额规模增速放缓，但也保持在14%以上。从结构上看，全国地方融资平台城投债余额的增长主要由市县融资平台导致的，市县融资平台城投债余额在所有融资平台中的占比超过73%，2016～2018年这三年间这一比重达80%以上。

地方融资平台有息债务既包括城投债，又包括非标债务，其余额规模总体上持续增长，2018年的规模高达33.08万亿元，与当年GDP比值为36%（见图3－3）。有息债务余额规模增长趋势基本与城投债余额一致，经历了2006～2009年的高速增长后，2010～2014年进入较快增长阶段，2014年以后增速下降，近年来增速在10%左右。与城投债余额类似，市县融资平台是导致全国地方融资平台有息债务余额规模增长的主要原因，省级融资平台有息债务规模增长较为平缓。

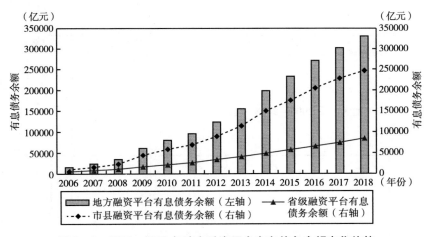

图3－3 2006～2018年地方融资平台有息债务余额变化趋势

总体来看，无论是城投债发行额、余额还是有息债务余额，地方融资平台债务规模保持着持续增长的趋势，不断增加的发行额导致存量债务的积累。从结构上看，市县融资平台是导致地方融资平台债务规模扩张的主要原因，因此，有必要从市县层面对地方公共债务进行研究，这也是本书的主要出发点。

（2）融资平台债绝对规模的地区分布。各地区经济社会发展条件各异，其通过融资平台债务融资的规模也有所差异。图3-4~图3-6分别统计了各省份（含新疆建设兵团）融资平台城投债发行额、城投债余额以及有息债务余额。城投债发行额方面，如图3-4所示，江苏省一省独大，2006~2018年共发行城投债近3万亿元，远远超过其他省份；以浙江、天津和湖南为代表的11个省份城投债发行额介于5000亿~10000亿元；其他省份的城投债发行额均低于5000亿元，其中宁夏、海南和西藏3个省份均低于300亿元。

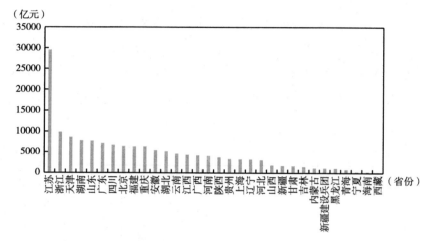

图3-4　2006~2018年各省份融资平台城投债发行总额

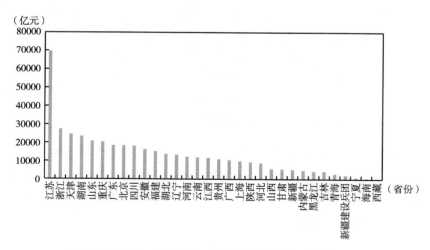

图3-5　2006~2018年各省份融资平台城投债余额总量

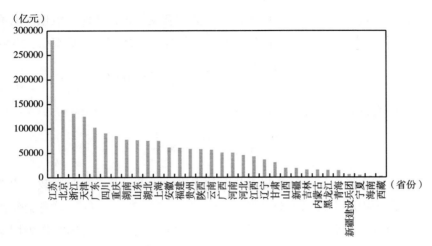

图 3－6　2006～2018 年各省份融资平台有息债务余额总量

　　城投债余额的地区分布与发行额基本一致。截至 2018 年底，全国各省份的城投债存量（累计值）主要情况如下：江苏省融资平台城投债累积存量位于全国第一，接近 7 万亿元；其次是浙江、天津和湖南等 10 个省份城投债余额规模位于 1.5 万亿～3 万亿元；湖北、辽宁为代表的 13 个省份城投债余额在 1.0 万亿～1.5 万亿元；其余省份的规模低于 1 万亿元。

　　各省份融资平台有息债务余额（累计值）如图 3－6 所示。从省份差异看，以江苏、北京和浙江为首的 7 个省份有息债务余额累计值超过 8.5 万亿元，江苏省规模依旧为全国第一，高达 28.1 万亿元；第二梯队的有息债务余额规模位于 4.5 万亿～8.5 万亿元，共有湖南、山东等 12 个省份；余下省份的有息债务规模累计不超过 4.5 万亿元，宁夏、海南和西藏 3 个省份位列全国末位。

　　地方融资平台债务规模的省份分布上，整体上东部发达省份的债务规模高于中西部省份，这说明仅从财政或者经济发展程度的单一方面很难解释地方融资平台债务规模的增长特征，原因是地方公共债务规模既受供给端影响，又受资金需求端影响。因此，有必要结合我国的发展特征以及财政、金融、行政区和地方权力配置制度进行更深入分析。

　　（3）融资平台债务风险。以上对融资平台债务绝对规模的年份间变化趋势以及地区分布进行了分析，在此将对融资平台债务风险进行分析。债务风险主要通过相对规模度量，分别用城投债债务依存度①和有息债务负债率对融资平台债务增量和存量风险进行度量，其中城投债债务依存度的计算公式为：

$$\frac{城投债发行额}{城投债发行额 + 地方财政支出} \times 100\%$$

有息债务负债率的计算公式为：

$$\frac{有息债务余额}{当年 GDP} \times 100\%$$

债务依存度指当年的债务收入与财政支出的比例关系，衡量财政支出对债务收入的依赖程度，国际上公认的安全线为 15% ~ 20%；负债率衡量经济规模对债务的承担水平，国际上根据《马斯特里赫特条约》将 60% 作为国家债务预警线。

图 3 - 7 描绘了 2006 ~ 2018 年全国地方融资平台有息债务负债率和城投债债务依存度的变化趋势。从图 3 - 7 可以看出，不论是增量还是存量，整体上我国地方融资平台的债务风险处于不断上升的趋势，城投债债务依存度波动上升，而有息债务负债率持续稳定上升。数值上有息债务负债率一直大于城投债

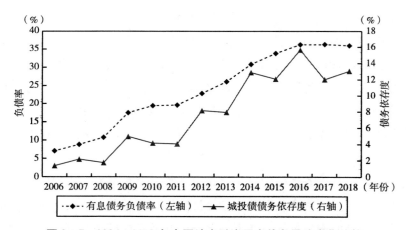

图 3 - 7　2006 ~ 2018 年全国地方融资平台债务风险变化趋势

①　之所以用城投债债务依存度，是因为融资平台公开信息中无法收集有息债务每年的新增情况，而通过年份间有息债务余额差值计算得到的增量未剔除当年偿还的部分，与发行额的含义不相符。囿于数据限制，本书只使用城投债的债务依存度。

债务依存度，2018年融资平台有息债务负债率达36%，城投债债务依存度为13%。尽管数据上我国地方融资平台的债务风险均低于国际警戒线，但考虑到我国还存在大量难以统计的隐性债务，我国地方公共债务风险问题不容忽视，当前需要有效治理地方债务问题，以打好债务风险攻坚战。

进一步，本书将有息债务负债率与我国GDP增长率进行对比（见图3-8）。纵观近十几年我国GDP增速，"新常态"依赖，GDP增速逐渐下降，受新冠肺炎疫情影响，经济增速进一步放缓。与此同时，地方融资平台有息债务负债率持续上升，二者呈现相反方向变化，从债务偿还角度看，地方GDP是地方融资平台偿还债务依靠的基础，若GDP增速长期低于债务规模，很容易引发宏观上的经济风险，甚至带来系统性的经济危机。因此，在寻找高质量全面发展的过程中，需要控制地方债务存量，积极化解存量债务，使得债务规模与当地经济发展相适应。

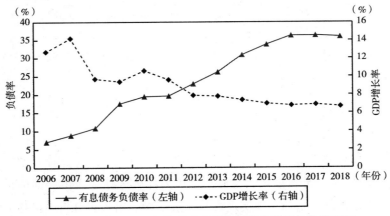

图3-8 2006～2018年全国地方融资平台有息债务负债率与GDP增长率变化趋势

最后，图3-9展示了全国地方融资平台城投债债务依存度与地方财政收支增长率的关系。观察图3-9可以发现，地方财政支出增长率与财政收入增长几乎同步变化，这是由我国地方不列赤字的财政体制决定的，新《预算法》赋予了地方政府发行政府债券的权力，因此2014年以后地方财政支出增速略高于财政收入增长率；与此同时，城投债债务依存度与地方财政收支增速呈现反向变动。若地方财力缺口是地方融资平台债务规模扩张的主要原因，则城投债债务依存度应该与地方财政支出增速同向变动，与图3-9的变化趋势相反，这说明地方融资平台债务承担了部分预算内财政支出的功能，地方政府通过发行城投债以满足地方公共支出需求。同时也说明，财政体制是地方融资平台债务规模扩张的核心制度基础。

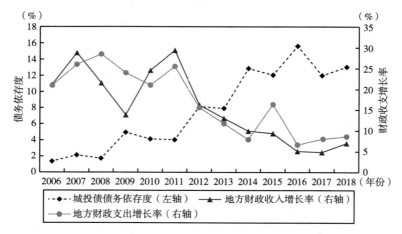

图3-9 2006~2018年城投债债务依存度与地方财政收支增长率变化趋势

3.2.3 小结

本节直观对地方融资平台的基本概况和债务规模进行了整体介绍，为后续三章（第4~6章）分析铺垫，总体解释了为什么选择地级市层面的债务数据作为本书实证分析的基础、现实观察与一般认知的出入、分析中国地方公共债务的背景以及债务规模和风险的整体变化趋势等问题。主要发现如下：

（1）我国地方融资平台数量主要集中在区县级，在研究地方公共债务时，尤其是研究以融资平台债务为主要代表的地方隐性债务时，将研究视角集中在地级市（含下辖区、县）具有很强的代表性，研究结论也具有一般性。

（2）我国地方融资平台的数量主要集中在东中部地区，西部地区相对较少，一般认为，地方融资平台的出现主要是地方财力短缺导致的，本书观察的现实结果却相反，为此需要结合我国地方融资平台的运行过程以及发展模式，深入思考地方融资平台存在以及其影响其债务规模的原因。

（3）我国地方融资平台主要服务于经济发展，其次是民生性服务，融资平台为地方经济发展提供了资金支持，要准确理解我国地方公共债务问题，需要结合我国的经济发展模式这一大背景，经济发展一直是我国发展的重要目标和内容。

（4）地方融资平台的实际控制人直接或间接为地方政府部门，地方政府依靠不同部门设立融资平台公司，并通过市场化操作设立子公司或控股的形式，最终形成多层级和多样式的融资平台关系网。

（5）地方融资平台的债务发行额（增量）和债务余额（存量）总体上呈现不断增长的趋势，且呈现出较大的地区差异性，东部地区的债务规模远高于西部地区，但从资金需求端难以完全解释我国地方公共债务的扩张，需要结合资金供给端进行分析。

（6）不论是增量还是存量，整体上我国地方融资平台的债务风险处于不断上升的趋势，城投债债务依存度波动上升，而有息债务负债率持续稳定上升。

第4章

财政金融体制的影响：兼顾财政、金融分权的视角*

4.1　引　言

党的十九大报告指出，要坚决打好防范化解重大风险、精准脱贫、污染防治的攻坚战。其中，如何防范化解因地方公共债务（或地方政府性债务）规模持续增长带来的财政金融风险是防范重大风险的题中之义，已成为我国顺利推进全面深化改革的一项关键内容，是社会各界共同关注的焦点问题。2014年新《预算法》实施后，我国政府出台了一系列治理地方公共债务的政策文件①，起到一定功效，但2018年以来频繁披露的地方融资平台违约问题②，提

---

　　* 本章内容载于《中国社会科学》2019 年第 9 期，标题为《地方公共债务增长的制度基础——兼顾财政和金融的视角》，此章节部分内容有所变动。

　　① 包括《国务院关于加强地方政府性债务管理的意见》《财政部关于对地方政府债务实行限额管理的实施意见》《国务院办公厅关于印发地方政府性债务风险应急处置预案的通知》《关于进一步规范地方政府举债融资行为的通知》以及《关于规范金融企业对地方政府和国有企业投融资行为有关问题的通知》等。

　　② 例如，云南省国有资本运营有限公司（省级融资平台）2018 年 1 月拖欠债务本息近 10 亿元（参见《2018 首例省级平台公司违约！部分金融机构已暂停沟通云南项目》，2018 年 1 月 15 日，http：// www. cfacn. com/bigdata/show. php? itemid = 158，2019 年 7 月 30 日）、中电投先融（上海）资产管理有限公司（省级融资平台）于 2018 年 4 月 27 日宣告该公司发行的两款债务融资产品（融资人为天津市市政建设开发有限公司，保证人为天津市政建设集团有限公司）出现延期兑付（参见《又一家省级融资平台违约，这次是天津，涉及 5 亿元资管计划》，2018 年 5 月 1 日，https：//www. sohu. com/a/230028557_ 355456，2019 年 5 月 1 日）、青海省投资集团有限公司（省级融资平台）于 2019 年 2 月发生 2000 万元债务（18 青投 PPN001）的延期兑付（参见《青海投资集团私募债"技术性违约"术今天已完成兑付》，2019 年 2 月 26 日，http：//finance. sina. com. cn/roll/2019 - 02 - 26/doc-ihsxncvf7979190. shtml，2019 年 3 月 10 日）等。

醒我们地方公共债务持续增长仍是中国经济发展面临的几个重大风险之一。

地方公共债务规模何以持续增长？已有研究惯以财政论财政，认为地方公共债务主要是因为分税制改革后地方财力不足所致。基本逻辑是，由财政包干制转为分税制使地方财政自主度减弱，而公共支出刚性增长，为缓解财政收支矛盾，地方政府不得不借助举债等方式筹集资金。按照上述逻辑，如果调高地方税收分成比例，地方财政自主度增强，地方政府举债应随之减少。事实并非如此。以市县税收分成率和负债率（有息债务余额/GDP）作为主要指标，考察地方税收分成比例与公共债务规模的关系（见图4－1）发现：2006年以来，地方税收分成比例和公共债务规模均呈现增长态势，并未出现税收分成增加而公共债务规模减少的情况。

上述逻辑不能反映现实，原因在于已有研究不够重视地方公共债务是财政金融制度联结点这一重要事实①，应基于一个兼顾财政和金融的视角，综合分析我国地方公共债务增长的制度基础。财政制度方面，财政分权制度特别是财政收入分配制度，影响地方政府预算收入，进而决定地方财政自主度和举债意愿②，地方公共债务作为政府筹资手段之一，它自然与财政分权制度联系在一起。金融制度方面，不论是地方政府债券认购主体，还是地方融资平台贷款对象，如果没有金融制度配合，地方政府即使有扩大债务的渴望，也无法从金融系统获得支持③。因此，解释地方公共债务增长的内在机制，需要寻找它的财

---

① 在中国的改革开放进程中，尽管财政理论变得多元化（包括社会共同需要论、国家分配论和公共财政理论等），但财政与金融始终紧密关联，在地方层面表现尤其突出。中国地方政府承担着很强的增长责任，需要尽可能多的资金来推动当地经济增长，不论资金来自财政还是金融。在1994年前"分灶吃饭"时期，地方政府可以直接以行政手段干预国有银行经营，甚至成立形形色色依托财政的公司（如信托投资公司、农村基金会等）从事融资业务。1994年国有银行商业化改革后，地方政府转而支持和发展地方性金融机构（如城市商业银行、村镇银行、融资租赁公司等），并通过所控制的土地等资源向金融机构抵押，为地方政府选定的项目和企业提供资金支持。参见陈雨露，郭庆旺.《新中国财政金融制度变迁事件解读》［M］.北京：中国人民大学出版社，2013，第1章"连裆裤"，第19～24页，第8章"大财政、小银行"，第146～150页。

② 不少文献对财政分权影响地方公共债务的认识不客观，先入为主地认定财政自主度与地方政府举债负相关。现实中，财政自主度的提高刺激了地方政府举债意愿，具体分析请见后续理论模型中的相关解释（包括相关实地调研案例和"财政可持续性"等理论）。

③ 为避免研究出现多个主题，而且考虑到金融分权与地方公共债务之间的作用机制直观、清晰，本书分析聚焦于财政分权（主要是税收分成或分税）对地方公共债务的影响，而将金融分权视为一个必要条件。具体地，理论模型和实证检验主要分析税收分成率对地方公共债务依存度和负债率的影响，在实证部分的延伸分析中讨论金融分权的影响。

政金融制度基础。

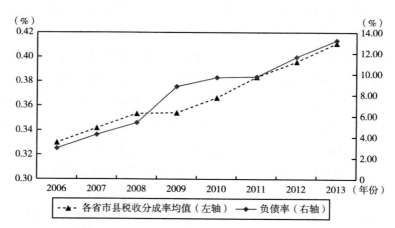

图 4 - 1   2006～2013 年中国地方政府（市县）税收分成率与负债率走势

注：各省市县税收分成率均值（31 个省份的市县税收收入合计金额占各省份税收收入比例取均值，不包括港澳台地区，下同）对应的是左轴，负债率（31 个省份下辖地级市融资平台公司有息债务余额占当地 GDP 比重取均值）对应的是右轴；由于部分数据仅更新到 2013 年，本图统一将数据时间段截至 2013 年。

资料来源：《新中国六十年统计资料汇编》《中国税务年鉴》《中国区域经济统计年鉴》《中国财政年鉴》《中国统计年鉴》《全国地市县财政统计资料》以及吕冰洋等（2018）（《蛋糕怎么分：中国财政分权的数据呈现》工作论文）、徐军伟等（2020）等提供的相关数据计算得到。

已有文献中有不少研究财政分权与地方公共债务的关系。理论上，国外研究形成两类对立观点：一类观点认为财政分权能硬化政府预算约束，使地方政府不得不在自有财力内减少财政赤字；另一类观点认为财政分权增加地方政府融资压力，导致举债规模扩大。实证上，上述两类观点均有支持性证据。例如，一些经验研究发现，地方政府税收自主权与地方政府财政赤字率整体呈负相关；另一些实证文献则发现税收自主权与财政赤字率存在 U 形关系。

国内研究侧重从政府间财政关系的角度展开分析，主要观点与国外研究的后一类观点不谋而合，认为不合理的央地财政关系（包括事权划分不合理、预算软约束和隐性担保等）导致地方公共债务规模持续扩大。具体地，预算软约束超过一定程度后，地方政府支出在规模和质量上会发生扭曲，导致地方政府过度举债；"隐性担保"诱发的跨域卸责和"期限错配"诱发的跨期卸责，强化了地方政府举债动机。但也有研究提出质疑，认为财政缺口或财政压力与地方公共债务规模之间并不存在显著关联。需要指出，从政府间财政关系分析地方公共债务增长，应重点分析税收分成与地方公共债务的内在关联，这是因为中国的财政制度自 1994 年后就以分税制为特点（高培勇，2018）。然而，已有文献对此尚未进行深入分析。

金融分权对地方公共债务的影响具有鲜明的中国特色。其原因一是中国地方政府能够在很大程度上控制地方金融资源；二是中国地方公共债务增长离不了银行系统的支持。金融分权无疑对地方公共债务增长起到了推波助澜作用，它们之间的作用机制是直观的、清晰的，因此讨论两者关系的理论文献不多，大多数研究通过政策讨论和实证分析，研究金融分权及其导致的金融环境变化对地方公共债务增长的影响。国外研究也有相似发现，金融环境宽松会显著提高政府债务水平，反之（例如出现金融压制等）则会抑制政府债务规模。

总结上述文献，笔者认为，财政金融制度（主要是财政分权和金融分权）是影响地方公共债务增长的主因。一方面，财政分权反映政府间财政关系（尤其是央地财政关系），金融分权反映政府与金融市场的关系，这两者取决于政治、经济等根本制度，牵一发而动全身，调整起来难度大、成本高，一旦调顺了关系，将有效抑制地方政府存在的投资饥渴和预算软约束等问题，降低地方政府举债激励、提高金融机构参与地方政府举债融资的风险审慎度，从而根治地方公共债务风险问题。另一方面，其他因素（例如债务管理制度、新城建设和非正规金融等）或者本身是财政分权或金融分权等根本性体制因素作用的结果，或者仅对地方公共债务产生暂时性影响，难以作为根源进行分析①。

因此，当务之急是结合中国制度特点，阐明并验证财政金融制度影响地方公共债务增长的具体机制。下一节我们将分析到，中国财政分权的典型特点是以税收分成为核心的分税制，金融分权的典型特点是隐性金融分权、地方政府面临的融资约束小。那么，上述制度安排对地方公共债务增长起到什么作用？哪些重要经济变量影响上述作用的发挥程度？上述问题需要从理论上进行深入研究，以明确导致地方公共债务规模持续增长的制度机理。

---

① 例如，经济发展的周期性波动在所难免，借助政府债务进行逆周期干预无可厚非，而债务举借审批、使用监管和偿还约束等制度的规范化和精细化属于技术层面问题，假以时日可以妥善解决。上述其他因素的相关研究参见杨灿明、鲁元平（2013），吕健（2014）和常晨、陆铭（2017）。

此外，财政金融制度影响地方公共债务规模的相关实证分析，在研究方法和基础数据上也需要改进。一方面，现有研究在财政分权的度量指标上存在不少问题。大多数研究采用各地区人均财政支出占全国人均财政支出的比重（以及在此基础上采用各种变化形式）来度量财政分权，其问题一是该指标本质上反映的是人均财力的差异，而非财政分权程度差异；二是分税制改革主要是从收入（税收）方面规范中央和地方的财政分权，事权和支出责任方面的界定相对滞后，从财政体制角度探讨地方公共债务问题应以税收分成或分税作为主要视角。另一方面，地方公共债务数据目前主要依赖 Wind 数据库，但由于 Wind 数据库对融资平台公司的判别筛选和发债信息整理等存在不足和缺陷，难免会对实证分析结果产生干扰。

本章兼顾财政和金融的视角，结合理论与实证两方面研究，解释中国地方公共债务增长的制度基础。从分税体制的角度（主要是税收分成），兼顾金融分权等，诠释地方公共债务规模持续增长的制度原因及相关机制，丰富了科学管控地方公共债务规模、防范化解地方公共债务风险的理论依据。

4.2 财政金融体制：地方公共债务的运行基础

地方公共债务既是一个财政问题，也是一个金融问题。财政分权不仅决定了地方政府的财政自主度，也直接影响地方政府借债意愿的强弱，而金融分权决定了地方政府借债意愿是否能实现。鉴于此，本节对上述两大制度基础进行分析。

4.2.1 财政分权：分税制下的税收分成

自 1994 年分税制改革以来，中国财政分权制度就以分税制为特点。分税制试图以分级分税、分级预算来稳定中央和地方财政关系，其制度的核心是确立各级政府的税收收入范围。具体地，分税制有以下两个特点：

第一，在中央与地方财政收入划分上，税收收入的分成逐渐成为主体，且地方的税收收入分成占比在 2007 年后逐步上升。在分税制确立之初，中央政府试图实行中央与地方间较彻底的分税办法，当时只是将增值税和股票交易印花税作为共享税。随着 2002 年《国务院关于印发所得税收入分享改革方案的通知》的实行，企业所得税和个人所得税也实行中央与地方共享；2016 年营业税全面改征增值税后，作为地方主体税种的营业税消失，增值税收入在央地间的共享比例由 75 : 25 上升到 50 : 50。

　　可以说，分税制逐渐演变成分成制。从中央与地方税收分成比例看，分税制大致分为两个时期（见图 4 - 2）：一是 1994 ~ 2007 年，该时期中央税收分成占比上升，地方税收分成占比下降；二是 2008 ~ 2017 年，中央税收分成占比下降，地方税收分成占比上升。

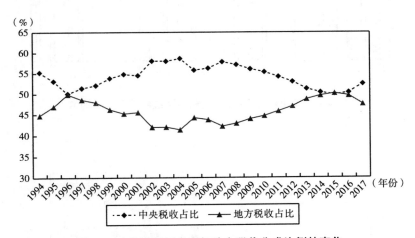

图 4 - 2　分税制后中央与地方税收分成比例的变化

资料来源：历年《中国财政年鉴》。

　　第二，省以下普遍实行税收分成办法，且地方分成规则差异巨大。分税制虽然明确了中央与地方间税收分成规则，但没有明确省以下分成规则。已有研究通过梳理各地区政府关于税收收入分配的文件（李萍等，2010）发现：各省份收入稳定且规模较大的税种一般由省级政府与市县按比例分成，且省际间分成比例差异很大；收入较少的税种一般由市县独享。因此，中国的分税制本质上是一个税收弹性分成契约系统，该契约保留了足够的弹性，可以适应不同地区差异化的经济发展水平和财力水平。

图4-3和图4-4呈现了近年来省以下税收分成的概貌。图4-3显示2006～2013年各省份市县级（包括地市级和县级）税收分成平均值，可以看出，地区间税收分成比例差异很大。图4-4显示各省份市县级税收分成比例在时间维度上的总体变化，考察地方（市县）税收分成比例，2006～2013年，市县级税收分成比例稳步上升，且地区间税收分成比例差异较大。

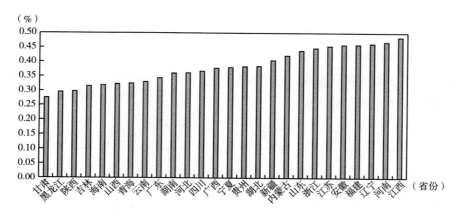

图4-3　2006～2013年各省份市县级税收分成平均值

资料来源：同图4-1。

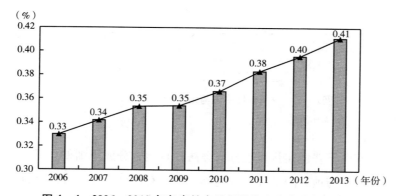

图4-4　2006～2013年各省份市县级税收占全省比例的均值

资料来源：同图4-1。

税收分成制度的特殊性在于，它没有改变地区税收负担（意味着税收扭曲程度不变），但是却改变了政府财力水平。税收分成比例变化，必然引起政府财力变化，由于税收与债务是政府筹资的两个主要手段，因此税收分成变动难免会引发政府债务水平的相应变动。中国地方公共债务规模持续增长主要发生在 2008 年以后的市县级政府层面，与市县级税收分成比例的整体上升，在时间趋势上吻合。那么，以税收分成为主要特点的财政分权制度，是否为中国地方公共债务增长的制度原因呢？这是本书要回答的核心问题。

4.2.2　金融分权：显性集权和隐性分权并存

财政体制只能解释地方政府发行债务的能力和动机问题，动机是否能得以实现，必须有相应的金融制度配合。一般来讲，与财政体制相比，金融体制更强调中央统一领导与统一规则的实施，但是在中国这样的大国，地方政府为推动辖区建设，会通过制度安排积极参与金融资源的分配，由此产生金融学界所提出的"金融分权"问题。

分税制改革以来，金融体制发展历经以下三个时期。第一时期是 1994 ～ 1997 年，银行系统管理采取"条块管理、以块为主"的模式，地方政府对辖区内银行拥有人事任命权，从而可以直接干预银行贷款方向和资金规模，此阶段呈现金融分权的特征；第二时期是 1998 ～ 2002 年，银行体系实行垂直化管理，如中国人民银行撤销省级分行，设立大区制分行，其他银行及原银监会、原证监会和原保监会也变为纵向管理，银行分支机构的贷款审批权随之上收，地方政府难以插手金融管理和金融资源分配，金融体系的独立性大大加强，此阶段呈现金融集权的特征；第三时期是 2003 年至今，地方政府对金融资源的争夺采取隐性化方式，即通过其所参股或控股的城市商业银行、村镇银行等地方性金融机构，甚至通过证券公司、小额贷款公司、金融租赁公司、设备租赁公司等非银行渠道（即所谓的"影子银行"），将金融资源转移到地方政府青睐的项目建设上，此阶段呈现显性金融集权、隐性金融分权特征。

地方公共债务规模的持续增长，与地方政府所能获得的金融资源支持密切相关。2005 年之前，地方公共债务表现为被动负债，主要与县乡财政困难问题相联系；但 2005 年之后，地方政府表现出主动债务融资的特征（李永友、马孝红，2018）。不论是地方政府发行的市政债券，还是通过地方融资平台、银行贷款产生的债务，甚至包括地方国有企业所产生的债务，都离不开金融系统特别是地方政府所能控制的金融系统的支持，并且资金去向与地方政府的发展目标密切相关。在得到金融支持后，地方公共债务规模在 2008 年以后呈迅速增长趋势。如图 4 - 1 所示，2006~2013 年全国平均而言地方公共债务负债率呈逐步上升态势。

根据上述分析，为下文研究地方公共债务增长原因，归纳出反映我国财政分权和金融分权制度的两个典型事实：一方面，地方政府公共预算收入主要来自税收分成；另一方面，地方政府借助公共债务进行融资受到的金融约束小。

4.3 理论分析

4.3.1 基准理论模型

（1）基本设定。假定经济是由连续同质家庭（可生存无限期）组成，为简化模型进一步假设家庭效用只来自消费，其效用函数为：

$$U = \int_0^\infty \frac{C^{1-\sigma} - 1}{1 - \sigma} e^{-\rho t} \mathrm{d}t \tag{4-1}$$

其中，C 为家庭的消费；σ 为家庭相对风险厌恶系数；ρ 为主观贴现率。

政府的生产性支出具有正的外部性，从而影响厂商的生产函数，假设生产函数为 C - D 型，生产函数表达式为：

$$Y = F(K, G) = A K^\alpha G^{1-\alpha} \tag{4-2}$$

其中，G 为来自政府提供的公共支出；K 为厂商的资本存量。

经济中资产来自企业资本 K 和公共债务 B（Greiner and Semmler，2000；Greiner and Flaschel，2010）。我们考虑针对企业总产出征税，税率为 τ（对应现实中的宏观税率）。则资产积累方程为：

$$\dot{K} + \dot{B} = (1 - \tau)Y - C \tag{4-3}$$

家庭效用最大化问题可以通过构建汉密尔顿函数求解，结合式（4-1）和式（4-3）建立第 T 期的汉密尔顿函数：

$$H = \frac{C^{1-\sigma} - 1}{1 - \sigma} + \lambda \left[(1 - \tau) Y - C \right] \qquad (4-4)$$

一阶条件为：

$$C^{-\sigma} = \lambda \qquad (4-5)$$

欧拉方程为：

$$\dot{\lambda} = \lambda \rho - \frac{\partial H}{\partial K} = \lambda \rho - \lambda\, F_K (1 - \tau) \qquad (4-6)$$

由欧拉方程式（4-6）可得：

$$\frac{\dot{\lambda}}{\lambda} = \rho - F_K (1 - \tau) \qquad (4-7)$$

对一阶条件式（4-5）左右两边取对数，进而对 t 求导，可得：

$$\frac{\dot{C}}{C} = -\frac{1}{\sigma} \frac{\dot{\lambda}}{\lambda} = \frac{1}{\sigma} \left[(1 - \tau) F_K - \rho \right] \qquad (4-8)$$

据式（4-8），即得到消费增长率为：

$$\gamma_C = \frac{\dot{C}}{C} = \frac{1}{\sigma} \left[(1 - \tau) F_K - \rho \right] \qquad (4-9)$$

地方政府通过税收和发债筹资，用于公共支出（G）和偿付债务利息，预算约束如下①：

$$\dot{B} = G + rB - S\tau Y \qquad (4-10)$$

$$\dot{B} \leqslant \theta G \qquad (4-11)$$

式（4-10）代表政府预算平衡式，表明政府公共预算收入来自税收分成收入和债务收入。其中，S 为税收分成率；r 为债券回报率。式（4-11）反映的是当地方政府面临融资约束时，只有 θ 部分支出能进行债务融资，θ 值代表约束程度高低。在本书中，融资约束主要来自当地金融部门。

在无套利条件下，有：

$$r = F_K (K, G) \qquad (4-12)$$

---

① 式（4-10）的类似设定参见贾俊雪（2012），程宇丹、龚六堂（2015）和 Maebayashi et al.（2017）。

结合式（4-2）的生产函数，式（4-12）可计算得出显示解：

$$r = F_K = A\alpha \left(\frac{K}{G}\right)^{\alpha-1} \tag{4-13}$$

据式（4-10）可得到地方公共债务增长率：

$$\gamma_B = \frac{\dot{B}}{B} = \frac{G}{B} + r - S\tau A \left(\frac{K}{G}\right)^{\alpha} \frac{G}{B} \tag{4-14}$$

（2）税收分成对债务依存度（增量状态）的作用。$\dot{B}/G$ 反映了地方政府支出中新增债务融资所占的比重，我们称为债务依存度（或债务依赖度）。根据式（4-10），可以求得：

$$\frac{\dot{B}}{G} = 1 + r\frac{B}{G} - S\tau A \left(\frac{K}{G}\right)^{\alpha} \tag{4-15}$$

在均衡条件下，有 $\gamma_C = \gamma_B = \gamma$。据此，将式（4-13）代入式（4-9），可得 K/G 的表达式：

$$\frac{K}{G} = \left[\frac{\gamma\sigma+\rho}{(1-\tau)A\alpha}\right]^{\frac{1}{\alpha-1}} \tag{4-16}$$

将式（4-16）代入式（4-15），可求得 G/B 的表达式：

$$\frac{G}{B} = \frac{\gamma - \dfrac{\gamma\sigma+\rho}{1-\tau}}{1 - S\tau A \left[\dfrac{\gamma\sigma+\rho}{(1-\tau)A\alpha}\right]^{\frac{\alpha}{\alpha-1}}} \tag{4-17}$$

进而求得债务依存度的表达式如下：

$$\frac{\dot{B}}{G} = \frac{\dot{B}}{B}\frac{B}{G} = \gamma\frac{B}{G} = \frac{(1-\tau) - S\tau A^{\frac{1}{1-\alpha}}\alpha^{\frac{\alpha}{1-\alpha}}(\gamma\sigma+\rho)^{\frac{\alpha}{\alpha-1}}(1-\tau)^{\frac{1}{1-\alpha}}}{1-\tau-\sigma-\dfrac{\rho}{\gamma}}$$

$$= \frac{(1-\tau) - S\tau\left[A(1-\tau)\right]^{\frac{1}{1-\alpha}}\left(\dfrac{\gamma\sigma+\rho}{\alpha}\right)^{\frac{\alpha}{\alpha-1}}}{1-\tau-\sigma-\dfrac{\rho}{\gamma}} = m \tag{4-18}$$

如果 $m < \theta$，此时地方政府不受融资约束影响，式（4-18）对税收分成率 S 求偏导数，可得：

$$\frac{\partial(\dot{B}/G)}{\partial S}=\frac{-\tau\left[A(1-\tau)\right]^{\frac{1}{1-\alpha}}\left(\dfrac{\gamma\sigma+\rho}{\alpha}\right)^{\frac{\alpha}{\alpha-1}}}{1-\tau-\sigma-\dfrac{\rho}{\gamma}} \qquad (4-19)$$

在式（4-19）中，τ，σ，ρ，γ 分别为宏观税率、家庭相对风险厌恶系数、家庭主观贴现率以及经济增长率。分子恒为负，分母正负号取决于 τ，σ，ρ，γ 的取值。根据已掌握的文献①，σ 取值大于 1 且一般大于 1.5；ρ 的取值范围在 0.02 ~ 0.05 之间。根据相关宏观经济变量的数据，可直接计算 τ 和 γ②。据此，在正常经济社会条件下③，式（4-19）右边的分母恒为负，表明债务依存度对税收分成率的偏导数为正。因此，在中国目前的经济社会环境中，如果地方政府不受金融部门的融资约束，税收分成对地方政府债务依存度存在正向影响，即当地税收分成比例越高，其债务依存度也越高。

如果 $m>\theta$，此时地方政府举债受到融资约束影响，均衡的债务依存度取角点解（即等于 θ），税收分成对债务依存度不产生影响。这是一个比较直观的结论，即如果地方政府没有当地金融部门配合，那么即使增加地方政府税收分成比例，地方政府也难以扩大债务规模。

上面的分析阐述了财政与金融制度是如何结合在一起，影响地方政府债务规模增长。可以总结为以下命题：

命题 1：如果地方政府不存在融资约束，税收分成对地方政府债务依存度具有正向的刺激效应，即地方政府税收分成率的提高会刺激当地政府提高债务依存度；如果地方政府存在融资约束，那么即使提高税收分成比例，财政刺激也不会导致地方政府债务依存度上升。

（3）税收分成对负债率（存量状态）的作用。B/Y 反映了地方产出中公共债务余额所占的比重，通常称为负债率（或债务负担率）。联合式（4-17）

---

① 参考 Gómez（2007），林细细、龚六堂（2007），傅晓霞、吴利学（2013），Escobar-Posada and Monteiro（2015）以及潘珊、龚六堂（2015）等。

② 例如，根据国家统计局和财政部发布的公开数据，用（一般公共预算的税收收入/全国 GDP）× 100% 代表宏观税率，2010 ~ 2017 年（2018 年的税收收入决算数据尚未公布），我国宏观税率均值为 18.26%；2010 ~ 2019 年，我国 GDP 预期增长率平均值为 7.0%。

③ 理论上，不排除在极端经济社会条件下（如 τ、σ 取值很小），式（4-19）的符号可以为负。但在我国目前的经济社会条件下，不会出现上述情况。

和生产函数 Y, 得到:

$$\frac{B}{Y} = \frac{B}{G}\frac{G}{Y} = \frac{B}{G}A^{-1}\left(\frac{K}{G}\right)^{-\alpha} = \frac{(1-\tau) - S\tau\left[A(1-\tau)\right]^{\frac{1}{1-\alpha}}\left(\frac{\gamma\sigma+\rho}{\alpha}\right)^{\frac{\alpha}{\alpha-1}}}{\gamma\left(1-\tau-\sigma-\frac{\rho}{\gamma}\right)A\left[\frac{\gamma\sigma+\rho}{(1-\tau)A\alpha}\right]^{\frac{\alpha}{\alpha-1}}} = n$$

$$(4-20)$$

式 (4-20) 对税收分成率 S 求偏导数, 可得:

$$\frac{\partial(B/Y)}{\partial S} = \frac{-\tau\left[A(1-\tau)\right]^{\frac{1}{1-\alpha}}\left(\frac{\gamma\sigma+\rho}{\alpha}\right)^{\frac{\alpha}{\alpha-1}}}{\gamma\left(1-\tau-\sigma-\frac{\rho}{\gamma}\right)A\left[\frac{\gamma\sigma+\rho}{(1-\tau)A\alpha}\right]^{\frac{\alpha}{\alpha-1}}} = \frac{\tau(1-\tau)}{\gamma(\tau+\sigma-1)+\rho}$$

$$(4-21)$$

当地方政府面临融资约束时, 联合式 (4-10)、式 (4-11) 和式 (4-17) 可得:

$$\frac{B}{Y} \leqslant \frac{S\tau}{(1-\theta)\dfrac{\gamma - \dfrac{\gamma\sigma+\rho}{(1-\tau)}}{1 - S\tau A\left[\dfrac{\gamma\sigma+\rho}{(1-\tau)A\alpha}\right]^{\frac{\alpha}{\alpha-1}}} + \gamma} \equiv p$$

当 $n > p$ 时, 地方政府受到融资约束, 税收分成对地方政府负债率不产生影响; 当 $n < p$ 时, 地方政府不受融资约束, 根据式 (4-21), 与债务依存度下偏导数表达式类似, 负债率对税收分成率求偏导数, 分子恒为正, 分母正负号取决于 τ, σ, ρ, γ 的取值, 在正常的参数范围内分母为正。因此, 与债务依存度一样, 地方政府负债率也同时受到财政制度和金融制度的影响, 具体如下:

命题 2: 如果地方政府不存在融资约束, 税收分成对地方政府负债率具有正向的刺激效应, 即地方政府税收分成率的提高将促使当地政府提高负债率; 如果地方政府存在融资约束, 那么即使提高税收分成比例, 财政刺激也不会导致地方政府负债率上升。

(4) 拓展分析。宏观税率的影响。从式 (4-19) 和式 (4-21) 可以看到, 债务依存度 ($\dot{B}/G$) 或负债率 (B/Y) 对税收分成率 (S) 的偏导数均受宏观税率（τ）影响，即宏观税率会影响税收分成与地方公共债务的关系。但作用方向是正是负，不直观。为此，本部分专门分析税收分成率对地方公共债务的正向影响与宏观税率的关联。

在式（4-19）基础上，进一步求 $\partial(\dot{B}/G)/\partial S$ 对 τ 的偏导数。首先，令：

$$f_1 = \frac{\partial(\dot{B}/G)}{\partial S} = \frac{-\tau\left[A(1-\tau)\right]^{\frac{1}{1-\alpha}}\left(\dfrac{\gamma\sigma+\rho}{\alpha}\right)^{\frac{\alpha}{\alpha-1}}}{1-\tau-\sigma-\dfrac{\rho}{\gamma}} = \frac{\tau\left[A(1-\tau)\right]^{\frac{1}{1-\alpha}}\left(\dfrac{\gamma\sigma+\rho}{\alpha}\right)^{\frac{\alpha}{\alpha-1}}}{\tau+\sigma+\dfrac{\rho}{\gamma}-1}$$

$$(4-22)$$

得到：

$$\frac{\partial f_1}{\partial \tau} = \left(\frac{\gamma\sigma+\rho}{\alpha}\right)^{\frac{\alpha}{\alpha-1}} \frac{A^{\frac{1}{1-\alpha}}\left(\tau+\sigma+\dfrac{\rho}{\gamma}-1\right)\left[(1-\tau)^{\frac{1}{1-\alpha}}-\dfrac{\tau}{1-\alpha}(1-\tau)^{\frac{\alpha}{1-\alpha}}\right]-\tau\left[A(1-\tau)\right]^{\frac{1}{1-\alpha}}}{\left(\tau+\sigma+\dfrac{\rho}{\gamma}-1\right)^2}$$

$$(4-23)$$

类似地，在式（4-21）基础上，求 $\partial(B/Y)/\partial S$ 对 τ 的偏导数。

令：

$$f_2 = \frac{\partial(B/Y)}{\partial S} = \frac{-\tau\left[A(1-\tau)\right]^{\frac{1}{1-\alpha}}\left(\dfrac{\gamma\sigma+\rho}{\alpha}\right)^{\frac{\alpha}{\alpha-1}}}{\gamma\left(1-\tau-\sigma-\dfrac{\rho}{\gamma}\right)A\left[\dfrac{\gamma\sigma+\rho}{(1-\tau)A\alpha}\right]^{\frac{\alpha}{\alpha-1}}} = \frac{\tau(1-\tau)}{\tau\gamma+\sigma\gamma+\rho-\gamma} \quad (4-24)$$

得到：

$$\frac{\partial f_2}{\partial \tau} = \frac{(1-2\tau)(\tau\gamma+\sigma\gamma+\rho-\gamma)-\gamma\tau(1-\tau)}{(\tau\gamma+\sigma\gamma+\rho-\gamma)^2} \quad (4-25)$$

直观上很难判断式（4-23）和式（4-25）是正是负，因此借助数值模拟以分别观察 f_1 与 τ，f_2 与 τ 的关系，模拟图见图 4-5 和图 4-6。

从数值模拟的结果可以看出[1]，τ 虽然不改变 $\partial(\dot{B}/G)/\partial S$ 和 $\partial(B/Y)/\partial S$ 的

---

[1]　我们对相关参数赋值如下：$A=1$，$\alpha=0.78$，$\sigma=1.7$，$\rho=0.03$，$\gamma=0.08$。参考托洛维斯基（Turnovsky，2000），严成樑和龚六堂（2009），德斯梅特和罗西（Desmet and Rossi-Hansberg，2013），裴长洪（2014），林仁文和杨熠（2014）以及吕冰洋（2014）等。需要说明，对于资本产出弹性 α 的取值，使用全国 31 个省份（不包括港澳台地区）2007～2017 年的数据进行测算。具体地，依据已有文献（赵志耘，吕冰洋，2015），我们使用比较窄的口径界定公共支出 G（包括财政教育支出、财政基本建设支出和财政科学研究开发支出等政府生产性支出）；之所以使用 2007 年之后的数据，是为了避免测算结果受 2007 年政府收支科目改革的影响。测算发现该时期内我国资本产出弹性平均为 0.78，与已有文献测算结果相近（刘贯春等，2019），因此令 $\alpha=0.78$。

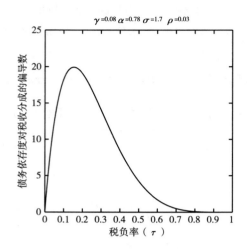

图 4-5　τ 对 $\partial(\dot{B}/G)/\partial S$ 的影响

注：变换相关参数取值，不改变上述图形的基本形态。

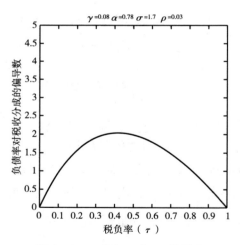

图 4-6　τ 对 $\partial(B/Y)/\partial S$ 的影响

注：变换相关参数取值，不改变上述图形的基本形态。

符号（均保持为正值），但会使其呈现倒 U 形形态，即宏观税率不改变税收分成对地方公共债务依存度、负债率的正向刺激效应，但随着宏观税率由低变高，上述正向刺激效应先加强、后减弱。

4.3.2　理论模型的解释

上述理论模型推导发现，当地方政府不受融资约束影响时，税收分成对地方公共债务依存度和负债率均有正向刺激效应，其制度解释如下。当税收分成率上升时，一方面，地方政府在保持宏观税率不变（即税收对经济的扭曲作用不变）的情况下，本地财政收入增加，地方政府融资能力提升，同时税收分成比例提高也强化了地方政府发展本地经济的激励，增强了地方政府扩大债务发行的动机①；另一方面，隐性金融分权又使地方政府面临较小的融资约束，从而使该动机能够得以实现。一言概之，税收分成比例的提高导致地方政府融资能力上升、发债动机增强，在隐性金融分权创造的弱融资约束条件下，刺激地方公共债务增长。

从理论模型的分析中还可以看到，税收分成对地方公共债务的作用程度受其他因素影响：

第一，宏观税率（τ）的影响。根据前述分析，当宏观税率提高时，税收分成对地方公共债务增长的正向影响先增强后减弱。原因在于，当地方宏观税率较低时，本地财政收入有限，地方政府为了满足支出需求进行债务融资的愿望比较迫切，因此会强化税收分成对地方公共债务增长的正向刺激效应；而当

---

①　对于上述解释的补充说明如下。一方面，1994 年分税制改革后，政府支出责任下移，一般预算收入往往无法覆盖政府开支（尤其是市县级政府的开支）；税收分成率提高，只是增加了一般预算收入的自由度，但一般预算收入是政府举债（扩大杠杆）的基础，一般预算收入的增长会刺激地方政府借助政府债务来弥补支出缺口。以笔者在东部某省某市的某工业园区实地调研为例，我们发现：该工业园区 2018 年一般预算收入约 7 亿元，剔除固定经费支出（即所谓的"吃饭财政"），可自由支配收入约 2 亿元，但 2018 年末各项公共债务余额竟然达到了 100 亿元之多，2019 年计划再新增 26 亿元债务。我们询问该工业园区的金融事务负责人，为何在债务水平已经很高的情况下还要再扩大债务规模，他对此的解释主要是：由于工业园区几年前升格为省级经济技术开发区，省级政府增加了对当地的税收留成，园区可自由支配的财力有所增加，在园区基建和产业培育等各项支出不断增长的情况下，园区领导对政府举债变得更为激进。另一方面，根据相关文献（D'Erasmo et al.，2016），用于分析政府债务风险的一类经典理论——财政可持续理论（theory of fiscal sustainability）发现，财力增长与政府债务增长呈现正向关联，即政府债务规模与一般预算收入盈余之间显著正相关。其原因是，现代社会中，各国政府承担的事权和支出责任不断增加，政府的公共支出呈现刚性增长态势，当一般预算收入有盈余时，政府举债能力提高、债务风险下降，债务规模也随之增加，以满足公共支出刚性增长的需要。上述实地调研案例和相关理论，较好地支持了文中对理论模型的相关解释。

宏观税率达到一定程度后，债务融资与税收收入的互为替代作用使税收分成对地方公共债务增长的正向刺激效应有所减弱。

第二，增长效果（γ）的影响。当经济增长率提高时，税收分成对地方公共债务增长的正向影响会随之提高。这表明，当地方政府扩大债务发行能得到较好的增长效果时，会激励地方政府扩大债务发行，税收分成对地方公共债务增长的影响程度会提高；反之则会减弱。

第三，跨期偏好（ρ）的影响。跨期偏好提高时，税收分成对地方公共债务增长的正向影响会随之提高。ρ 为时间偏好率，即为不同期效用的贴现率，ρ 越大说明经济主体越重视当期效用而轻视未来效用。上述结果表明，地方政府如果重视短期经济效果，那么税收分成对地方公共债务增长的影响程度会提高；反之则会减弱。

上述理论研究是对复杂现实的抽象和简化，理论与实际是否一致，有待验证。以下对理论模型所得主要结论进行实证检验，为理论分析提供经验证据①。

4.4　实证方法和数据说明

4.4.1　计量模型设定

依据前述理论分析，并参考相关文献（缪小林，伏润民，2015；陈宝东，邓晓兰，2017），使用适用于面板数据的固定效应模型估计方法，实证检验分税（即税收分成）对地方公共债务增长的影响。计量方程具体如下：

$$Debt_{it} = \alpha + \beta \cdot Taxshare_{it} + X'_{it} \cdot \gamma + \mu_i + \upsilon_t + \varepsilon_{it} \qquad (4-26)$$

其中，i 为地区（地级市），t 为时间（年份），$Debt$ 为地方公共债务变量，$Taxshare$ 为税收分成变量，X 为一个由控制变量组成的向量（即影响地方公共

---

① 需要说明，跨期偏好难以度量（且短期内不易变动），而且其对税收分成与地方公共债务规模关系的影响比较直观，后续延伸分析仅检验宏观税率和增长效果的影响。

债务的其他因素）；α 为常数项，μ_i 为地区固定效应，v_t 为时间固定效应，ε_{it} 为误差项；β 和 γ 分别是税收分成和其他控制变量的回归系数。

在式（4-26）里，主要关注系数 β 的符号和显著程度：如果 β 显著为正，表明税收分成对地方公共债务增长具有正向影响，符合前述理论分析结论；如果 β 不显著或显著为负，表明税收分成对地方公共债务增长无显著影响或有显著的负向影响，不符合本书的理论预期。

4.4.2　数据说明

本书使用的地方公共债务数据来自近期相关文献采用的数据①，税收分成数据来自《中国税务年鉴》《中国区域经济统计年鉴》《中国财政年鉴》《中国统计年鉴》《新中国六十年统计资料汇编》和《全国地市县财政统计资料》等，其他变量的数据来源除了上述统计资料还来自《中国城市统计年鉴》、国泰安数据库（CSMAR）、EPS 数据平台的中国金融数据库、各省份省政府年度工作报告以及各省开展相关财税改革（省直管县和"营改增"）的文件等。受数据可得性限制，样本数据是 2006～2013 年面板数据②。变量设置具体如下：

（1）被解释变量。实证分析所用被解释变量为地方公共债务变量，为与理论模型保持一致，采用两种度量方法，分别为"债务依存度"和"负债率"。其中，债务依存度反映地方公共债务的流量状况，需要用到新增债务（即地方公共债务余额的增量）；负债率反映地方公共债务的存量状况，须使用地方公共债务余额计算。因此，两类度量方法都依赖地方公共债务余额这一变量。我们使用地级市（含下辖县区）层面融资平台公司有息债务余额（包

---

① 参考曹婧等（2019）建立的新口径地方公共债务数据，修正了 Wind 地方公共债务数据存在的诸多缺陷（包括 Wind 对融资平台公司的统计口径不准确且经常变动、大量遗漏地方融资平台公司的债券发行信息、未剔除地方融资平台企业名称变更前的债券发行信息进而造成城投债发行信息的重复计算等），数据质量更高。我们也尝试了直接使用 Wind 的地方公共债务数据，实证结果与本书结论一致，但实证结果显著程度和稳健性有所下降。

② 2006 年之前地级市层面的融资平台债务发行额较少且发行债务的地级市数量不多，而市县加总税收分成数据受相关年鉴（《中国区域经济统计年鉴》）停止更新（最新到 2013 年）的影响，目前只能计算到 2013 年。上述两方面原因导致本书所用数据的样本期间为 2006～2013 年。后续我们使用不同口径的数据将样本时间跨度扩大为 2006～2018 年，发现实证结果保持不变，但由于数据口径不同会干扰实证结果，仅在稳健性检验中加以分析。

括短期借款、应付票据、应付短期债券、长期借款以及应付长期债券）的合计金额代表地方公共债务余额①。具体地，债务依存度的计算公式为：[当年新增地方公共债务/（当年一般预算财政支出 + 当年新增地方公共债务）]；负债率的计算公式为：（当年地方公共债务余额/当年地方生产总值×100%）。

（2）核心解释变量。已有文献对中国财政分权的度量指标存在争议，使用不同的度量指标会使研究结果出现较大差异（陈硕，高琳，2012）。本书的核心解释变量为市县加总的税收收入分成，即市县层级在该省的税收收入分权程度，衡量的是中国各省份与其下辖市县之间的税收分权。具体计算公式为：（该省市县政府的税收收入/该省税务部门组织的税收总额）×100%。之所以采用上述变量，主要考虑以下四方面因素：第一，将市县加总的税收分成作为解释变量，可以使实证检验与理论分析（将地方政府作为一个整体刻画到理论模型中）保持一致；第二，相比于每个市的税收分成，市县加总的税收分成通过衡量省政府与下辖市县的税收分成关系，能全面地反映某省份税收分成的整体情况；第三，内生性问题较小，被解释变量为地级市层级债务数据，解释变量为省层级数据，互为因果从而产生内生性问题的可能性较小②；第四，由于数据限制，我们无法计算出某一省份各地级市整体税收分成比例，但由于同一省份内各地级市的分成比例差异小，因此税收分成数据在省级层面度量是可行的（吕冰洋等，2016）。

（3）控制变量。第一，经济发展水平。经济发展水平是影响地方公共债务规模的重要因素（马海涛，马金华，2011），我们使用人均实际 GDP 的自然

---

① 使用地级市层级的有息债务余额，主要基于以下三方面理由：其一，有息债务余额包含城投债余额，能更全面地反映地方公共债务总体规模；其二，通过融资平台公司筹集资金的主要是地级市和省政府，县级及以下政府通过融资平台公司举债比较有限，因此使用包含了下辖县区债务的地级市债务数据能代表市县级政府的整体债务水平；其三，地级市整体债务对市县加总的分税程度的反向影响较弱（即如果某地级市的整体债务水平较高，省政府可能会给该地级市整体多留一点财力，但不足以影响该省与下辖所有市县的税收分成，因此市县加总的税收分成率受地级市债务的反向影响较小）。当然，不排除两者之间仍存在某种内生关联，为此，后续我们还使用了工具变量估计方法以缓解内生性问题对实证结果的可能影响。此外，本书所用债务数据未包含省级政府债券，因为这类地方政府债券按省发行，很难准确分解到地级市层面。需要说明，这不影响数据代表性，因为 2014 年新《预算法》实施之前地方公共债务中融资平台债务占据主要份额（陈诗一，汪莉，2016；王永钦等，2016）。

② 我们尝试了以地方公共债务变量作为核心解释变量，以税收分成变量作为被解释变量，并控制其他相关变量（包括固定效应等），实证结果显示，地方公共债务对税收分成的反向影响不显著。限于篇幅，未在本书报告上述实证结果，如有需要，可向笔者索要。

对数度量经济发展水平。第二，城镇化水平。融资平台一方面加快了城镇化的推进，同时也扩大了地方公共债务规模（巴曙松等，2011；余晨阳，邓敏婕，2013），我们使用城镇就业人口在总人口中比重作为城镇化水平的测量指标。第三，金融发展水平。当地金融发展水平直接影响地方政府融资水平（伏润民等，2017），我们使用金融机构贷款余额占 GDP 的比例衡量金融发展水平。第四，产业结构。一个地区的产业结构直接与地方政府的财政收入相关，是影响地方政府财政收支状况的一个主要因素，因此也会影响地方公共债务（缪小林，伏润民，2013）。我们使用工业产值占 GDP 的比重来度量产业结构。除了上述变量，在稳健性检验和延伸分析中，还考虑了地方官员变动（省委书记和市委书记变动哑变量）、相关财政体制改革（省直管县改革哑变量）、宏观税率①、金融分权度②以及经济增长目标（包括 GDP 增长目标和全社会固定资产投资增长目标）③ 等。

本书实证分析所用主要变量的描述性统计如表 4-1 所示。

表 4-1　　　　　　主要变量的描述性统计（2006~2013 年）

变量	指标含义	平均值	标准差	最小值	最大值	样本数
debtdepend	债务依存度（%）	3.03	6.13	0	50.65	2216
leverage	负债率（%）	8.19	13.31	0	65.54	2136
sxtaxshare	市县加总的税收分成比例	0.39	0.08	0.18	0.58	2243
lnpergdp	人均 GDP 对数值	10.12	0.67	7.93	11.73	2213

---

① 由于现有公开数据中没有地级市层面的税务部门实际组织税收数据，因此我们采用一个折衷的办法：将地级市每年的一般公共预算中的税收收入约等于分成后的税收收入，进而通过税收分成率反推出税务部门当年在本地征收的实际税收收入，最后除以当年 GDP 得到当地宏观税率。这种测算方法较直接用一般公共预算中的税收收入除以 GDP 得到的宏观税率更接近实际宏观税率。

② 金融分权度＝某地级市金融机构贷款余额/该省金融机构贷款余额，参考何德旭、苗文龙（2016）。

③ 我们使用各省份省政府年度工作报告里的 GDP 增长目标和全社会固定资产投资增长目标代表增长效果（γ），理由如下：其一，省政府年度工作报告里的 GDP 增长目标和全社会固定资产投资增长目标是年初计划，不是年末实际结果，其与地方公共债务规模的内生关联较小（即年末债务规模要反向影响年初增长目标的可能性不大）；其二，省政府年度工作报告里的 GDP 增长目标和全社会固定资产投资增长目标反映了地方政府对增长效果的预期，即理论模型中的变量 γ（均衡时经济增长率）越大，GDP 增长目标和全社会固定资产投资增长目标会越高；其三，省政府年度工作报告里的 GDP 增长目标和全社会固定资产投资增长目标也是省级层面数据，与核心解释变量（税收分成）是一个层级的数据，不会因为数据层级不同对实证结果产生干扰。

变量	指标含义	平均值	标准差	最小值	最大值	样本数
urban	城镇化水平	0.33	0.22	0.03	1	2208
loan	金融发展水平（金融机构贷款余额/GDP）	0.72	0.38	0.1	2.65	2215
sgdp	第二产业占比	0.5	0.1	0.16	0.9	2208
pcps	省委书记是否更换（变更取值为1，否则取0）	0.25	0.44	0	1	2248
ccps	市委书记是否更换（变更取值为1，否则取0）	0.28	0.45	0	1	2247
pmc	省直管县改革（改革当年及之后年份取值1，否则取0）	0.51	0.5	0	1	2248
sxrevshare	市县加总的一般公共预算收入分成比例	0.12	0.06	0.03	0.93	2211
taxratio	宏观税率（当地实际税收收入/GDP）	0.43	0.08	0.19	0.78	2248
finshare	金融分权度（地级市金融机构贷款余额/该省金融机构贷款余额）	0.09	0.15	0	1	2248
gdpobj	省政府GDP增长目标（%）	10.42	1.26	8	15	2237
investobj	省政府全社会固定资产投资增长目标（%）	20.48	5.09	7	50	1978

资料来源：同图4-1。

4.5 实证结果及分析

4.5.1 基准回归

基于式（4-26）的回归结果如表4-2所示。其中，第（1）~（3）列、第（4）~（6）列的被解释变量分别为债务依存度和负债率，对于上述两种口径计算的地方公共债务水平分别进行OLS估计、固定效应模型（fixed-effect model）回归，以及引入税收分成滞后项以分析税收分成对地方公共债务的中长期影响。我们主要参考固定效应模型的回归结果进行分析。考察表4-2的回归结果（第（2）列、（5）列）可以发现，税收分成与地方公共债务水平显著正相关：税收分成率每提高1单位，债务依存度相应提高约9个百分点、负债率提高约7个百分点。上述基准回归结果与理论模型结论相一致。考虑到税收分成对地方公共债务的影响可能存在时滞，在列（3）和列（6）中将核心解释变量设为税收分成滞后一期值，结果显示税收分成对债务依存度和负债率的滞后效果不显著。

表 4-2 基准回归结果

变量	债务依存度			负债率		
	（1）OLS	（2）FE	（3）FE	（4）OLS	（5）FE	（6）FE
sxtaxshare	12. 4966 ***	9. 0193 ***	—	17. 2275 ***	7. 0577 *	—
	(5. 63)	(2. 68)		(5. 68)	(1. 80)	
Lsxtaxshare	—	—	5. 6567	—	—	5. 7402
			(1. 34)			(1. 37)
lnpergdp	2. 7796 ***	− 0. 8604	− 1. 7832	5. 2808 ***	− 5. 3565 **	− 5. 1071 **
	(9. 11)	(− 0. 73)	(− 1. 18)	(12. 83)	(− 2. 32)	(− 2. 31)
urban	− 0. 3803	1. 6612 *	0. 8356	2. 4600 **	1. 6442	1. 6029
	(− 0. 46)	(1. 77)	(0. 66)	(2. 17)	(0. 88)	(0. 77)
loan	5. 6085 ***	5. 5975 ***	4. 9341 **	16. 0708 ***	8. 1247 **	6. 8871 *
	(11. 31)	(2. 67)	(2. 05)	(18. 45)	(2. 22)	(1. 91)
sgdp	− 4. 1099 **	− 1. 1597	0. 0382	− 5. 4614 **	− 1. 1324	− 0. 0104
	(− 2. 52)	(− 0. 58)	(0. 02)	(− 2. 52)	(− 0. 47)	(− 0. 00)
常数项	− 31. 8633 ***	1. 9666	13. 3399	− 61. 8189 ***	46. 5635 **	47. 1317 **
	(− 13. 68)	(0. 17)	(0. 87)	(− 19. 85)	(2. 00)	(2. 09)
N	2089	2089	1827	2020	2020	1768
R^2	0. 176	0. 221	0. 202	0. 389	0. 446	0. 439
F/chi2	569. 1311	25. 6747	24. 9422	1337. 5821	28. 6316	26. 0950
P	0. 0000	0. 0000	0. 0000	0. 0000	0. 0000	0. 0000
个体固定效应	否	是	是	否	是	是
时间固定效应	否	是	是	否	是	是

注：（1）括号内是稳健性标准误差对应的 t 值。（2）*、**、*** 分别表示在 10%、5%、1% 的置信水平上显著。下同。

其他控制变量估计结果如下：金融发展水平呈现显著的正向影响，这是因为较高的金融发展水平为地方政府通过融资平台举债等提供了更为便利的融资环境；经济发展水平、城镇化水平等其他变量对地方公共债务的作用不稳健，原因可能是经济发展程度与地方公共债务之间存在非线性关系且存在区域异质性等。

4.5.2 稳健性检验

基准回归未考虑异常值（outlier）、官员变动以及财政体制改革等因素，这些因素是否会干扰基准实证结论，需要进一步检验。

（1）考虑异常值影响。基准回归中虽然排除了直辖市可能产生的影响，但不能排除某些省份的地级市①的数据存在异常值进而影响估计结果的可能性。为此，我们在回归中逐一剔除某一省份进行回归估计，通过观察税收分成变量的回归系数是否发生显著变化，以排除基准回归结果受异常值影响的可能性，估计结果见图4-7和图4-8。图4-7和图4-8中被解释变量分别为债务依存度和负债率，图中的中间虚线为基准回归中税收分成变量估计系数的数值，上下两条虚线是基准回归系数的置信区间（5%的显著性水平）。从中可以看到，逐一剔除某一省份的估计结果与基准回归结果基本相同（回归系数未超出基准回归系数的置信区间），表明基准回归结果不受异常值影响，即税收分成对地方公共债务的正向刺激作用在全国各地区普遍存在。

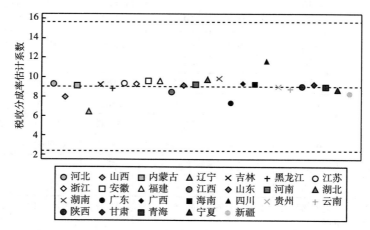

图4-7 被解释变量为债务依存度时逐一剔除某一省份后回归的税收分成估计系数

---

① 考虑到直辖市的特殊性（经济社会各方面与地级市存在明显差异），样本中不包括直辖市；之所以不逐一剔除地级市而是逐一剔除某一省份进而排除异常值的影响，主要是因为政府间税收收入弹性分成主要体现为省际差异，同一省份下不同地市之间的税收收入分成率差异不大。

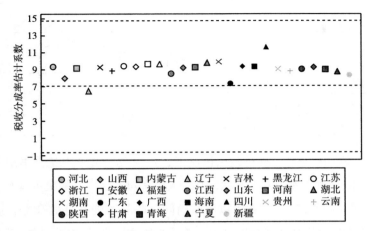

图 4-8　被解释变量为负债率时逐一剔除某一省份后回归的税收分成估计系数

（2）考虑财政体制改革。近年来，财政体制方面一项重要改革是省直管县改革。省直管县改革赋予县级政府更高的财政自主权（财政收入分成比例和支出责任等），因此有可能改变地方政府的整体债务水平。鉴于此，我们在控制变量里加入省直管县改革哑变量（*pmc*，即某地市当年有县级地区推行省直管县改革，则当年及以后年份取值 1，否则取值 0）。具体结果见表 4-3，结果显示，省直管县改革（*pmc*）对地方公共债务水平有正向作用，但不显著。同时，税收分成变量的估计系数与基准回归结果保持一致，表明考虑相关财政体制改革不改变基准回归结果。

表 4-3　　　　　　　　　稳健性检验：考虑省直管县改革

变量	被解释变量：债务依存度		被解释变量：负债率	
	（1）OLS	（2）FE	（3）OLS	（4）FE
sxtaxshare	12.1223 ***	9.0024 ***	16.5020 ***	7.0551 *
	(5.48)	(2.66)	(5.45)	(1.81)
pmc	0.6073 **	0.1897	1.3223 ***	0.3632
	(2.41)	(0.54)	(4.26)	(0.85)
N	2089	2089	2020	2020
R^2	0.174	0.221	0.392	0.433
F	578.8618	23.6628	1367.9293	25.2451
p	0.0000	0.0000	0.0000	0.0000

续表

变量	被解释变量：债务依存度		被解释变量：负债率	
	（1）OLS	（2）FE	（3）OLS	（4）FE
其他控制变量	是	是	是	是
个体固定效应	否	是	否	是
时间固定效应	否	是	否	是

（3）考虑官员变动。现行政治体制下，各级政府决策中党委书记具有较大影响。一方面，省委书记发生变动，其个人因素对省级政府的决策具有较大影响（高楠，梁平汉，2015），本省省以下政府间税收收入弹性分成和本省地方公共债务整体水平极有可能受到影响；另一方面，市委书记若发生更换，其个人因素对本级政府决策的影响也可能会反映在本市的债务水平上。除此之外，省政府或市政府主要官员变更后，可能影响省级政府与地市政府之间的互动状况，进而影响到税收分成与地方公共债务水平的关系（贾俊雪等，2017）。因此，党委书记（省委书记和市委书记）的周期性变动可能会干扰基准回归结果。为此，我们在控制变量中进一步加入党委书记是否变更的哑变量（pcps 和 ccps，分别表示省委书记和市委书记是否变动），进行稳健性检验：当年党委书记发生变更，变量取值1，否则为0。具体结果见表4-4，结果显示，省委书记变更（pcps）对负债率有显著的正向影响，市委书记变更（ccps）对债务依存度和负债率没有显著影响；同时考虑省委书记和市委书记的变更，发现税收分成变量的估计结果与基准回归结果保持一致，税收分成率的提高仍显著促进地方公共债务水平的提高。上述结果表明，考虑地方主要官员变动，不影响基准回归结果。

表4-4   稳健性检验：考虑地方主要官员变动

变量	考虑省委书记是否变更		考虑市委书记是否变更		同时考虑省委书记、市委书记是否变更	
	（1）债务依存度	（2）负债率	（3）债务依存度	（4）负债率	（5）债务依存度	（6）负债率
sxtaxshare	8.7836** (2.58)	7.8638** (1.98)	9.0282*** (2.69)	7.0786* (1.81)	8.7727** (2.59)	7.9159** (1.99)
pcps	-0.1276 (-0.63)	0.4505** (2.11)	—	—	-0.1384 (-0.68)	0.4670** (2.21)

续表

变量	考虑省委书记是否变更		考虑市委书记是否变更		同时考虑省委书记、市委书记是否变更	
	（1）债务依存度	（2）负债率	（3）债务依存度	（4）负债率	（5）债务依存度	（6）负债率
ccps	—	—	-0.1787 (-0.86)	0.2334 (1.43)	-0.1869 (-0.89)	0.2575 (1.60)
N	2089	2020	2088	2019	2088	2019
R^2	0.221	0.434	0.221	0.434	0.222	0.435
F/Wald chi2	24.0275	25.9112	23.7831	25.2650	22.3587	24.0843
p	0.0000	0.0000	0.0000	0.0000	0.0000	0.0000
其他控制变量	是	是	是	是	是	是
个体固定效应	是	是	是	是	是	是
时间固定效应	是	是	是	是	是	是

（4）变换计量方法。虽然市县加总的税收分成变量产生的内生性问题较小，但不能据此推断基准回归结果完全不受内生性问题干扰。为此，使用工具变量估计方法，进一步控制内生性问题对实证结果的影响。已有文献少有提及税收分成的工具变量，尝试使用税收分成的偏离度作为工具变量，即当地当年税收分成与全国其他省份（除本省之外）税收分成平均值的差值。工具变量需满足相关性假设和排他性约束假设（即外生性）两个前提条件：首先，根据税收分成偏离度的计算方法可知，税收分成与其工具变量高度相关，后续的检验（第一阶段回归的结果）也印证了这一点；其次，税收分成偏离度与地市政府债务水平无直接联系，仅通过本地税收分成这一渠道影响地方债务水平，具有外生性，能满足排他性约束假设。

使用工具变量估计（具体结果见表 4-5）发现：一方面，工具变量满足上述的相关性假设（第一阶段回归里工具变量的系数显著为正）和排他性约束假设（第一阶段的排他性约束 *F* 检验值的 *P* 值为 0），表明工具变量估计方法的模型设定无误；另一方面，根据第二阶段的回归结果，税收分成变量的估计系数仍显著为正，与基准回归结果保持一致。

表 4 - 5   稳健性检验：工具变量估计结果

第二阶段回归结果	被解释变量：债务依存度 （1）	被解释变量：负债率 （2）
sxtaxshare	12. 9870 *** (3. 07)	10. 8080 *** (3. 36)
第一阶段回归结果		
工具变量（diff2tax）	0. 9013 *** (77. 32)	0. 9071 *** (74. 82)
排他性约束的 F 检验值	5978. 28	5879. 56
F 检验值的 P 值	0. 0000	0. 0000
N	2088	2019
其他控制变量	是	是
个体固定效应	是	是
时间固定效应	是	是

此外，还尝试利用"营改增"改革提供的准自然实验①，运用双重差分法（DID，又称倍差法）进行回归估计，实证结果也与基准回归结果相符（结果在表 4 - 6 中展示）。上述结果表明，进一步控制内生性问题，基准回归结果仍是稳健的，税收分成与地方公共债务水平显著正相关。

表 4 - 6   税收分成的自然实验："营改增"改革

变量	被解释变量： 债务依存度 （1）	被解释变量： 负债率 （2）	被解释变量： 债务依存度 （3）	被解释变量： 负债率 （4）
d_ygz	2. 0035 *** (4. 84)	1. 9209 *** (3. 06)		
d_ygz × r_ygz			9. 9109 ** (2. 22)	12. 3902 * (1. 91)

---

① 依据《国务院关于印发全面推开营改增试点后调整中央与地方增值税收入划分过渡方案的通知》，为保证营业税改征增值税改革不影响地方财政平稳运行，增值税中央地方分享比例由原来的75∶25（中央75%、地方25%）变为50∶50（中央、地方各50%），由于地方获得的增值税份额整体变高，市县的税收分成比例也随之提高，因此，"营改增"改革可视为市县税收分成的正向变动。需要注意，"营改增"改革的主要内容均不是税收分成比例的变革，因此本书的基准回归未使用该改革构建自然实验，因为其实证结果可能包含其他因素（例如税制改革等）的影响，而不仅仅是税收分成的效应。另外，需要说明的是由于基准回归中的样本为 2006～2013 年，基本不包含"营改增"改革，为此，此部分将样本拓展到2017 年，具体拓展方法见第（6）小节。

续表

变量	被解释变量：债务依存度（1）	被解释变量：负债率（2）	被解释变量：债务依存度（3）	被解释变量：负债率（4）
N	3209	3096	3209	3179
R^2	0.299	0.453	0.301	0.421
F	42.6491	46.8093	139.7276	263.6208
p	0.0000	0.0000	0.0000	0.0000
其他控制变量	是	是	是	是
个体固定效应	是	是	是	是
时间固定效应	是	是	是	是

（5）变换核心变量。基准回归结果是否依赖于核心解释变量的设定方式，值得进一步检验。为此，我们将核心解释变量替换为市县加总的一般公共预算收入分成①，计算公式与税收分成计算公式相似。具体估计结果见表4-7，其中，第（1）列、（2）列和第（3）列、（4）列的被解释变量分别为债务依存度和负债率，并分别进行 OLS 和固定效应模型估计。与预期一致，替换核心解释变量为市县加总的一般公共预算收入分成，收入分成对债务依存度和负债率的作用仍显著为正。

表4-7   稳健性检验：更换核心解释变量

变量	被解释变量：债务依存度		被解释变量：负债率	
	（1）OLS	（2）FE	（3）OLS	（4）FE
sxrevshare	7.9178 ***	4.7281 **	9.6732 ***	6.0874 ***
	(5.15)	(2.01)	(4.25)	(2.62)
N	2089	2089	2020	2020
R^2	0.265	0.273	0.395	0.405
*F/Wald chi*2	1183.8188	44.0688	1840.0664	291.8540
p	0.0000	0.0000	0.0000	0.0000

---

① 财政分权可用税收分成表示，也可用一般预算收入分成表示，但一般预算收入除了税收收入，还有非税收入，而非税收入往往不参与分成，因此，在基准回归里，我们使用税收分成代表财政分权，而在稳健性检验里使用一般预算收入分成。

变量	被解释变量：债务依存度		被解释变量：负债率	
	（1）OLS	（2）FE	（3）OLS	（4）FE
其他控制变量	是	是	是	是
个体固定效应	否	是	否	是
时间固定效应	否	是	否	是

（6）其他检验。利用其他口径数据，将样本数据的时间跨度扩展到 2006~2018 年，重复基准回归，实证结果与表 4-2 的基准回归结果保持一致①。将核心解释变量由税收分成比例换成一般预算收入分成比例，实证结果也与基准回归结果相符。

表 4-8　　　　　　　　　　**稳健性检验：变换样本数据**

变量	债务依存度		负债率	
	（1）OLS	（2）FE	（3）OLS	（4）FE
sxtaxshare	8.6675 ***	6.6790 **	10.4838 ***	7.8961 ***
	(5.31)	(2.08)	(4.01)	(2.92)
N	3516	3516	3395	3395
R^2	0.257	0.265	0.392	0.403
$F/chi2$	1206.8684	41.7581	1969.2704	319.0528
P	0.0000	0.0000	0.0000	0.0000
个体固定效应	否	是	否	是
时间固定效应	否	是	否	是

4.5.3　延伸分析

在理论分析中，金融分权、宏观税率和增长效果会影响税收分成与地方公共债务的关系。对此，进行专门检验。

---

① 由于《中国区域经济统计年鉴》2014 年起不再出版，限制了市县政府税收收入数据的更新。为此，本书分别使用国家税务总局统计的各地区入库税金明细月报表（2014~2016 年的数据）、CEIC 经济数据库（2017 年的数据）和各地区 2017~2019 年预算报告，将税收分成基础数据扩展至 2018 年。

（1）考虑金融分权。将税收分成（*sxtaxshare*）与金融分权度（*finshare*）的交互项引入计量方程式（4 - 26），重复基准回归（回归结果见表4 - 9）发现，被解释变量无论是债务依存度还是负债率，税收分成与金融分权交互项的回归系数均显著为正。上述结果与理论分析相符，扩大金融分权导致地方政府融资约束变弱，促使税收分成对地方公共债务增长产生更为强烈的正向影响。

表4 - 9　　　　　　　　　　　　　延伸分析：考虑金融分权

变量	被解释变量：债务依存度		被解释变量：负债率	
	（1）	（2）	（3）	（4）
sxtaxshare × finshare	75. 6462 * (1. 87)	90. 6459 *** (3. 55)	142. 6101 ** (2. 37)	147. 9023 *** (2. 86)
N	2211	2089	2131	2020
R^2	0. 232	0. 239	0. 437	0. 470
F	28. 0491	23. 1404	32. 0247	27. 7057
p	0. 0000	0. 0000	0. 0000	0. 0000
其他控制变量	否	是	否	是
个体固定效应	是	是	是	是
时间固定效应	是	是	是	是

（2）考虑宏观税率。将每年的地方宏观税率（变量 *taxratio*）进行排序，然后按照30%和70%分位数作为界限，将样本分为低税负（低于30%）、中税负（30% ~70%）以及高税负（高于70%）三组，以检验理论模型中宏观税率对税收分成与地方公共债务之间的正向关联是否存在倒 U 形影响，具体的估计结果如图4 - 9和图4 - 10。图中纵轴表示税收分成的估计系数（10%的置信水平），图中竖线从左至右分别为低、中、高税负三组中税收分成的估计系数及其置信区间。图4 - 9和图4 - 10中，被解释变量分别为债务依存度和负债率。从估计结果看，不论被解释变量是债务依存度还是负债率，税收分成的估计系数从低税负组到高税负组都表现出一个"先升后降"的过程，甚至在低税负组和高税负组没有通过显著性检验，但在中税负组中税收分成的估计系数均显著为正，这与理论模型中数值模拟展示的倒 U 形效应高度一致。

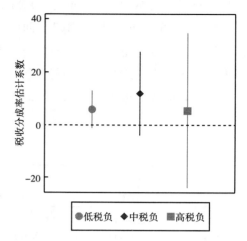

图 4-9　被解释变量为债务依存度时不同税负分组回归中税收分成估计系数

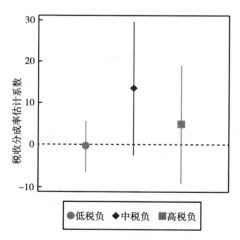

图 4-10　被解释变量为负债率时不同税负分组回归中税收分成估计系数

（3）考虑增长效果。分别使用省政府年度工作报告中的 GDP 增长目标（变量 *gdpobj*）和全社会固定资产投资增长目标（变量 *investobj*）代表增长效果，将其与税收分成变量进行交互，结果见表 4-10。结果发现，交互项的系数均显著为正，表明增长效果越好，税收分成对地方公共债务规模的正向影响越强，与理论模型的分析结论保持一致。这一结果也反映了税收分成比例对地方发展经济的激励，税收分成比例提高，市县政府从经济增长中获得的税收收入蛋糕也随着扩大，因此，市县政府会努力提高经济增长目标，从而获得分成收入。

表4-10　　　　　　　　　　　　　延伸分析：考虑增长效果

变量	GDP 增长目标		全社会固定资产投资增长目标	
	被解释变量：债务依存度（1）	被解释变量：负债率（2）	被解释变量：债务依存度（3）	被解释变量：负债率（4）
$sxtaxshare \times gdpobj$	3.3924 * （1.90）	1.8321 * （1.94）	—	—
$sxtaxshare \times investobj$	—	—	0.7324 * （1.71）	0.7775 * （1.75）
N	2078	2011	1825	1762
R^2	0.224	0.437	0.158	0.367
F	22.4706	23.3279	28.2936	108.4142
p	0.0000	0.0000	0.0000	0.0000
其他控制变量	是	是	是	是
个体固定效应	是	是	是	是
时间固定效应	是	是	是	是

4.6　本章小结

地方公共债务增长的原因是多方面的。其中，财政体制上的安排会改变不同政府间财权和事权的分配，金融体制会影响政府融资约束，因此财政金融制度是研究地方公共债务问题不可忽视的关键因素。与现有研究不同，本书通过构建理论模型和开展实证检验，兼顾金融分权等因素，着重分析税收分成与地方公共债务的关系，以此考察影响中国地方公共债务增长的制度基础。

本章研究的主要结论如下：第一，弱金融约束下，税收分成刺激地方公共债务增长。结合理论和实证两方面研究结果，税收分成对地方公共债务依存度和负债率均有正向刺激作用，金融分权进一步增强税收分成对地方公共债务增长的正向影响。考虑异常值问题和相关财政体制改革或变换计量方法等，上述正向刺激作用仍存在。第二，税收分成与地方公共债务规模之间的关系受其他经济社会变量（宏观税率和增长效果等）影响。根据理论分析和实证结果，我们发现，宏观税率不会改变税收分成对地方公共债务依存度、负债率的正向刺激效应，但会使上述正向刺激效应呈现出倒 U 形形态；增长效果越好，税收分成对地方公共债务依存度和负债率的正向刺激效应越强。

第 5 章

行政区划制度的影响：市以下行政区划调整的效应*

5.1 引　　言

党的十九届五中全会提出，要完善宏观经济治理，建立现代财税金融体制，建设高标准市场体系，加快转变政府职能。当前，我国经济由高速增长阶段转向高质量发展阶段，化解地方政府债务风险是防范重大风险的题中之义，也是国家治理体系和治理能力现代化过程中必须要化解的问题。2020 年中央经济工作会议进一步明确指出，2021 年要继续实施积极的财政政策，要抓实化解地方政府隐性债务风险工作。防范和化解地方债务风险的首要工作是从多维角度找寻其增长的制度基础，地方公共债务问题是多层面的综合性问题，既与财政、金融制度相关，又通过多层级政府治理与行政制度息息相关。债务治理过程中，各地公共部门（行政部门、人大部门、司法部门等）起着关键性作用，其中既包括横向治理，又包括多层级的纵向治理，而行政区划制度则是构成我国国家治理体系和组织结构的基本形式。

行政区划作为国家对经济社会发展的重要调控手段，是政治行政体制与国家治理体系的重要组成部分，其制度发展过程也是中国特色社会主义制度体系的重要内容。行政区划制度涉及经济、政治和社会等多方面因素，首先，行政

---

　　* 本章内容载于《财政研究》2022 年第 7 期，标题为《行政主导型城镇化与地方融资平台债务：以撤县设区为观察视角》，有所删减。

区划是国家政治结构的一种基本形式，是中央政府统筹和管理全国各地的一个基本有效手段，是国家为进行分级管理而实行的国土、政治和行政权力的空间再配置（朱建华等，2015）；其次，行政区划是行政版图和地域空间版图的双重叠加，具有行政管理和社会经济管理的双重功能；最后，国家行政区划体系是国家政权的实体结构与管理框架，行政区划优化有利于加强社会经济管理和资源的有效配置（王开泳，陈田，2011）。党的十九届四中全会提出要坚持和完善中国特色社会主义行政体制，构建职责明确、依法行政的政府治理体系，党的十九届五中全会也提出优化国土空间布局，推动区域协调发展和新型城镇化。因此，为了统筹社会综合资源、优化资源配置效率，以实现地区高效协调发展，有必要通过变更行政区划制度对行政区划进行调整，行政区划制度变更作为一种综合性改革，势必通过行政级别、属地管理、政府间关系等与经济、政治相关的因素，对地区经济社会发展产生深远影响。

从具体形式看，我国行政区划制度变更主要可以分为六大类，分别为建制变更、行政区域界线变更、行政机关驻地迁移、隶属关系变更、行政等级变更和更名命名（侯景新等，2006；朱建华等，2015），而在实践中，一项行政区划制度变更可能涉及上述六类中的一种或多种。自新中国成立以来，我国行政区划制度变更经历了不同的发展阶段，改革频率上，近20年以撤县设区（将中心城区周边的县或县级市设为市辖区）为主，撤县设区直接增加了地级市市辖区的数量，促进了中心城市扩容提质，这一改革对地级市的资源统筹能力、发展目标以及公共服务水平等产生直接影响，多种因素的改变势必对地级市的政府行为产生影响。其中，首要的是财政行为，撤县设区是否对地级市财政行为尤其是预算外行为产生影响，进而通过什么机制产生影响，这都是值得研究的现实问题，也是推进国家治理体系和治理能力现代化的必要内容。

基于此，本章通过撤县（县级市）设区①这一行政区划制度变革，以地级市公共债务为视角，研究行政区划制度变更对地方政府财政行为的影响。具体而言，本书借助撤县设区这一"准自然实验"，通过双重倍差法（difference in difference，DID）以检验行政区划制度对地方公共债务的影响。研究发现：第

---

① 准确称谓是"撤县（市）设区"，其他说法包括"撤县并区""撤县改区"等，本书中的撤县设区均包含将县或县级市调整为市辖区，下文统称为撤县设区。

一，在样本期间，撤县设区显著刺激了地方融资平台有息债务（以下简称为城投有息债务）发行和余额规模的扩张；第二，撤县设区之所以能促进城投有息债务规模增长，机制在于撤县设区带来的财政收入效应、土地金融效应、增长目标调整效应以及公共服务需求，以上效应通过改善地级市举债的信用环境、提高注资能力以及增加融资需求，从而影响地级市城投有息债务发行和余额规模；第三，撤县设区对城投有息债务的影响存在异质性，撤县设区对债务发行的促进作用主要体现在用于棚户区改造和保障房建设以及用于偿还债务的部分，撤县设区对债务余额的影响主要体现在非标债务上。

与已有文献相比，本章的边际贡献主要有：首先，研究视角上，通过撤县设区这一"准自然实验"以研究地方公共债务扩张的制度基础，丰富了地方公共债务和行政区划制度的研究视角，也对有效治理地方债务具有一定的现实意义。其次，基于相对准确可靠口径的地级市 2006～2018 年城投有息债务数据，对撤县设区的债务效应进行评估，并试图从财政收入、土地收入、经济增长目标以及居民公共服务需求四个维度，详细探索其中的作用机制，为理解中国地方公共债务扩张提供了经验证据。地方债务治理绝非是单纯的财政问题，更多也与我国条件各异的地方经济、政治及发展模式息息相关，因此，要实现有效防范、化解地方债务风险，实现有效治理地方债务，需要综合多种维度、从制度层面剖析债务规模增长的原因，并结合发展需要、因地制宜采取对策。

5.2　相关文献

5.2.1　行政区划制度变更的效应

国外对行政区划制度变更的效应研究主要讨论地区合并（municipal merger，municipal amalgamation）的影响，且主要集中在财政收支、公共服务和社会民主方面，但理论、实证上均没有一致的结论。理论上，地区合并的支持者认为较大的市政规模将导致生产、公共服务的规模经济、较低的行政开支以及通过内部化公共服务的外部性从而提升公共服务（King，1984；Otates，1985；

Fox and Gurley，2006；Holzer et al.，2009；John，2010；Reingewertz，2012；Slack and Bird，2013），但反对者认为规模效应只存在于一定的规模，超过一定规模后便不出现了，同时小城市更灵活，民主程度更高（Borge and Rattso，1993；Reiter and Weichenrieder，1997；Solé-Ollé and Bosch，2005；Dollery and Fleming，2006；De Ceuninck，2010；Andrew and Boyne，2012；LagoPeñas and Martinez-Vazquez，2013；等等）。理论上对地区合并的观点不一致，因此有大量研究利用不同国家数据通过实证进行检验。针对各国地区合并的行政区划变更，已有研究主要集中在财政收支（Moisio and Uusitalo，2013；Hanes，2015；Blom-Hansen et al.，2016；Blesse and Baskaran，2016；Roesel，2017；等等）、公共池问题（Hinnerich，2009；Blom-Hasen，2010；Hansen，2014；Hirota and Yunoue，2014，2017；Saarimaa and Tukiainen，2015；Nakazawa，2016；Hansen，2019；等等）、公共服务（Reingewertz，2012；Foged，2015；Yamada，2018）以及政策制度和社会民主（Lassen and Serritzlew，2011；Hansen，2013；Suzuki and Ha，2018；Lapointe et al.，2018；Rodrigues and Tavares，2020；Allers et al.，2021；等等），也有学者系统研究地区合并带来的各种效应（Allers and Geertsema，2016；Steiner and Kaiser，2017；Tavares，2018；等等）。与本书最相关的是地区合并带来的债务效应，文献中普遍认为地区合并后辖区变大，由于存在财政公共池激励，最终会导致债务累积（Hinnerich，2009；Jordahl and Liang，2010；Nakazawa，2016；Fritz and Feld，2020；Goto et al.，2020）。

与国外地区合并导致辖区面积变化不同，我国行政区划调整更多的是建制变更（如撤县设区、撤县设市和撤区设市）、隶属关系变更（如省直管县）等，调整前后辖区面积不发生改变。已有研究中对中国行政区划制度变更的研究角度主要包括省直管县、撤区设市、撤县设市及撤县设区等，实证方法普遍采用双重倍差法对其经济社会效应进行评估。行政区划制度变更的效应首先是其经济增长效应，有大量学者对此进行了研究。如才国伟和黄亮雄（2010）同时考察了省直管县和强县扩权对县级经济增长的影响，发现这两种改革都促进了地方经济增长；类似地，范等（Fan et al.，2012）和唐为（2019）对撤县设市进行了评估，前者发现撤县设市的经济增长效应不显著，而后者认为撤县设市赋予了县级市更大的自主权，促进了地区经济发展和人口城市化，主要机制包括行政审批、土地使用权等经济管理权限的下放；刘晨晖和陈长石（2019）则基于断点回归方法发现，撤县设市这一隐性行政扩权促进了地区的名义经济增长，但在效率和内生增长动力形成上均没有显著效果。邵朝对等（2018）针对撤县设区的经济增长绩效进行评估，发现撤县设区的作用仍然依赖于要素扩张的传统增长模式，并且导致资源错配；庄汝龙等（2020）将视野集中在广东省，认为撤县设区后能够获得基建、规划、政策等的有力支持，有助于推动经济发展。也有学者从不同角度考察经济绩效，如唐为（2019）以辖区交界处经济活动为研究点，利用夜间灯光亮度数据，发现撤县设区提高了地级市政府权力统筹，进而促进区县边界的经济活动水平；Bo（2020）从集权的角度探讨了撤区设市对地区工业生产率的影响，分析了集权和资源分配的收益。

其次，行政区划制度变革改变了政府间财政关系和财政激励，从而影响宏观层面政府财政行为，最终对微观实体部门产生影响。宏观层面，才国伟等（2011）分别对强县扩权和财政省直管县进行了评估，认为强县扩权提高了地级市财政收入，而抑制了地级市财政支出增长，财政省直管县的作用则恰好相反；陈思霞、卢盛峰（2014）认为省直管县赋予了县域政府更大的自主决策权，使地方提高基础建设支出比重、降低教育等民生性服务支出占比；张莉等（2018）从政府竞争角度，利用县级面板数据验证了撤县设区对县级政府财政支出偏向的影响，发现撤县设区使政府增加民生性支出占比、减少了基础设施建设支出占比；吉黎、邹埴埸（2019）讨论了撤县设区对地级市税收收入的影响，认为撤县设区改革降低了地级市的税收收入。微观层面主要是行政区划制度变更带来的税收激励，如李广众、贾凡胜（2020）检验了财政省直管县对地方政府的税收激励，发现财政省直管县给地级市政府带来了财政压力，进而激励其加强税收征管；范子英和赵仁杰（2020）利用撤县设区这一改革，发现撤县设区降低了县级政府财政自主权，弱化了县级政府的征税努力。卢盛峰和陈思霞（2017）从政府偏袒角度出发，认为撤县设区改革弱化了县域政府的经济事务激励，进而减弱了县域政府对辖区内企业的政策扶持，最终导致企业的融资约束变紧。

最后，中国的行政区划制度变更与城镇化过程交织在一起，行政区划调整对城市化和公共服务水平均有影响。已有研究中主要讨论了撤县设区改革对城市化的影响：唐为和王媛（2015）基于人口普查数据和地级市市辖区数据发现，撤县设区改革显著提高了撤并城市的市辖区城镇常住人口增长率，促进了人口城市化；魏守华等（2020）基于政府干预土地市场影响城市规模的理论模型，并从政府偏爱的政策出发，验证了撤县设区对城市人口增长的影响。公共服务水平方面，现有文献中多数以省直管县为研究对象：王德祥和李建军（2008）在地方公共物品最优供给模型基础上，考察了省直管县对地方公共品供给的影响；王小龙和方金金（2014）实证检验了省直管县和强县扩权对县域人均公共教育支出的影响，发现只有单一省直管县改革才能促进县域人均公共教育支出增加；谭之博等（2015）比较了省直管县改革对县、地级市民生方面影响的区别，发现效果主要体现在县层面，省直管县对地级市的影响甚微。但也有研究认为省直管县不利于民生性公共服务水平的提高：宁静等（2015）同时检验了省直管县对县域医疗服务、医疗支出比重和教育方面的影响，发现都具有抑制作用；高秋明和杜创（2019）以城乡居民医保整合为例，考察财政省直管县对基本公共服务均等化的影响，研究发现辖区内财政省直管县比重越高的城市越倾向于避免整合，原因在于省直管县阻碍了市县之间关于整合成本分担共识的达成。也有学者关注撤县设区改革的公共服务供给效应，段龙龙和王林梅（2019）通过地级市数据实证分析撤县设区改革虽然有助于改善地方公共服务供给质量，但也极易加剧公共服务供给行为扭曲；陈妤凡和王开泳（2019）以杭州市为例，考察了撤县设区对城市公共服务配置和空间布局的影响，研究发现撤县设区对新设区的公共服务有提升作用，但新老城区之间的公共服务差距依旧存在。

5.2.2 文献评述

总结上述文献，地方公共债务扩张的影响因素方面主要从财政、金融制度方面讨论，鲜有文献涉及行政区划制度，而行政区划制度在我国广领域、多层级政府治理中发挥着基础性作用，其变更带来的经济社会效应是否会影响地方公共债务尚不可知。国家治理体系和治理能力现代化要求必须守住系统性金融风险、有效防范和治理地方隐性债务，这些都建立在多角度探寻地方隐性债务扩张的制度基础上，因此有必要从行政区划制度变更角度进行更深入研究。

同时，基于现有文献，对行政区划调整的效应研究可以有如下拓展。第一，研究视角上未涉及公共预算外的行为，现有文献主要集中在经济增长、预算内财政行为、城市化和公共服务方面，尚未有文献探讨融资平台有息债务这一预算外财政行为，国外探索行政区划调整与政府债务的关系都聚焦于财政公共池激励，且行政区划调整形式为地区合并，与中国的建制变更有本质不同。财政是国家治理的基础和重要支柱，我国也正处于深化预算管理制度改革的关键时期，地方政府预算外的财政行为不容忽视。第二，已有文献主要基于财政关系以及行政管理权限的框架下讨论，实证分析层面主要在县域，对地级市层面的讨论不多。但行政区划制度变更作为一种综合性改革，会通过行政级别、属地管理、政府间关系等与经济、政治相关的因素，具体会影响到辖区内的综合资源、发展目标及发展要求等，对地区经济社会发展产生深远影响。2000年以来，地方行政区划制度变更主要围绕市县展开，影响范围上，地级市的经济行为不仅会影响市辖区，同时也会影响辖区内的县，因此基于地级市层面的实证分析也有很强的现实意义。

基于已有研究的不足，本章研究视角上从撤县设区改革研究其对地级市融资平台债务的影响，并通过撤县设区的准自然实验克服实证分析中难以解决的内生性问题，试图从新的角度理解我国地方公共债务问题。

5.3　制度背景和理论分析

5.3.1　制度背景：发展进程中的行政区划调整

根据我国宪法第 30 条关于行政区域划分规定如下：（1）全国分为省、自治区、直辖市；（2）省、自治区分为自治州、县、自治县、市；（3）县、自治县分为乡、民族乡、镇。直辖市和较大的市分为区、县。自治州分为县、自治县、市。自治区、自治州、自治县都是民族自治地方。中国城市行政区划调整具有三大逻辑，即权力导向的政治逻辑、经济导向的发展逻辑以及公共服务导向的治理逻辑，改革开放之后，发展逻辑主导了城市行政区划调整的话语权，城市行政区划调整服务于国家经济社会建设的目标（叶林，杨宇泽，2017）。新中国成立以来，为了适应不同发展阶段的发展目标，我国行政区划进行了多次调整，其目标导向及产生的经济社会效应也具有阶段性。根据不同时期行政区划发展导向，我国行政区划调整大致以十年为一周期，主要分为六个阶段（王开泳等，2019）。其中20世纪90年代以前，行政区划调整的主要发展导向是保持社会稳定、整合地区资源和发展计划经济，20世纪80年代出现了"地市合并"浪潮；而20世纪90年代以后，行政区划调整主要服务于市场经济发展、引导资源集聚以及促进区域协同发展。在20世纪90年代，各地设立县级市的步伐明显加快，出现申报"热潮"，但为了守住耕地资源，国务院曾于1994年紧急叫停撤县设市，并在1997年冻结了县改市的审批；之后21世纪初，随着城镇化率的迅速提高，各地地级市政府着力于扩容提质、做大做强中心城市的辐射带动效应，同时也为了应对分税制改革和"省直管县"，撤县设区成为主要的行政区划改革，撤县设区改革正是在这一大背景下出现的（陈科霖，2019；王开泳等，2019）。

审批程序上，撤县设区由地级市政府主导提出，中间经过省级政府，最终上报国务院批准才能进行。根据民政部《行政区划管理条例》《行政区划管理条例实施办法》和各地民政厅①的相关文件，撤县设区的一般流程为：

（1）由设区的市政府提出变更方案，并附相关意见和文件（包括市人大、政协的意见，有关县级政府会议纪要和乡镇人大主席团的意见，行政区划现状图、驻地城市规划图等）。

（2）市政府请示省政府，转经民政厅申请、组织考察组进行考察调研，并组织相关部门和专家进行科学论证，形成论证评估报告。

（3）市政府将论证评估报告等申报材料上报省政府，经省政府常务会议研究通过。

---

① 如河南省民政厅印发《关于进一步规范行政区划调整申报程序的指导意见（试行）的通知》，本溪市人民政府办公厅转发省民政厅《关于进一步明确调整行政区划审核报批程序的通知》，吉林省民政厅关于进一步规范行政区划调整工作的通知及《甘肃省民政厅关于进一步规范行政区划调整工作的通知》等。

（4）省政府向国务院上报调整行政区划的请示。

（5）国务院批复通过，正式挂牌新区委、区政府。总之，撤县设区改革经市政府提出，需要经过"市—省—国务院"三级政府审批，必然给全市造成经济社会方面的影响。

图 5 - 1 和图 5 - 2 分别为 2000～2018 年全国地级市市辖区数量变化趋势和撤县设区数量。从图中可以发现，2000 年以来，我国地级市（不含自治州、盟）市辖区数量一直持续增加，与此同时，地级市平均管辖辖区数量除了个别年份（2001～2003 年）有所下降以外，也一直保持着稳定上升，2000 年地级市平均管辖辖区数为 3.04 个，2018 年增加为 3.31 个。市辖区数量的增加一方面由于地区改市、盟改市等新设市辖区；另一方面更多的是撤县（县级市）设区带来的结果。图 5 - 2 中，全国撤县设区数量显示，2000～2018 年，我国撤县设区在 2000～2004 年和 2012～2016 年出现两个小高潮，其中 2016 年撤县设区数量为历年之最，多达 31 个；截至 2018 年，全国撤县设区累计数为 183 个，覆盖 106 个地级市，占 2018 年全国地级市数量约为 36%。通过以上数据可以看到，样本期间，撤县设区是我国县级以上行政区划变更的最主要内容，是我国行政区划制度变更中一个重要的事实特征，在我国推动地区发展的大背景下，给地级市带来的经济社会效应也值得进一步研究。

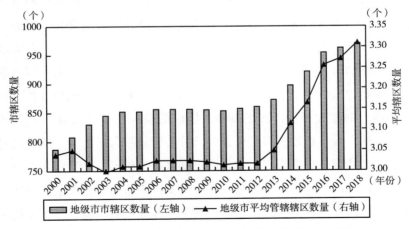

图 5 - 1　2000～2018 年全国地级市市辖区数量变化趋势

资料来源：民政部官网历年行政区划统计表（http://xzqh.mca.gov.cn/statistics/）。其中地级市不含直辖市、地区、自治州以及盟，地级市平均管辖市辖区数量为全国市辖区数量与地级市数量的比值。

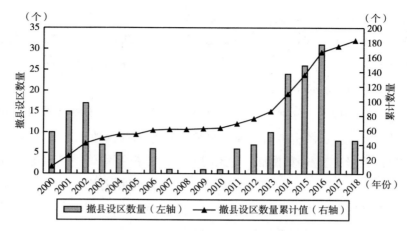

图 5 - 2　2000~2018 年全国撤县设区情况

资料来源：民政部官网县级以上行政区划变更情况（http：//xzqh. mca. gov. cn/）和中国行政区划网（http：//www. xzqh. org/），其中撤县设区包括直辖市，但不包含地区改市、盟改市时新设的市辖区。

5.3.2　理论分析

改革开放以来，我国地区经济社会尤其是城镇化高速发展催生了撤县设区的热潮。撤县设区改革将县转变为地级市的市辖区，要分析其影响首先需要县、县级市和市辖区的区别。地方组织法规定了市辖区拥有经济、计划、城市建设、社会事务等行政管理权限，但实际上，市辖区是城市不可分割的一部分，与其所在的市"同城而治"，市辖区所应承担的职责在很大程度上取决于市对区的需要，因此相对于市而言，市辖区只具有相对有限的独立性。根据陈科霖（2019）的整理，县、县级市和市辖区的横向比较主要体现在经济考核标准、财政独立权、财政支出责任、经济社会管理权限等方面。除此之外，就经济表现和公共服务水平而言，本省内市辖区普遍优于县和县级市。

总体而言，市辖区的经济社会发展决策受地级市制约，而县和县级市职权更加独立。经济社会表现上，县主要以发展农业为主要职能，经济发展水平较低，城市化水平较低，居民享受的公共服务水平较低；而市辖区则以发展第二、第三产业为主要职能，经济相对发达，城市化水平更高，公共服务提供较为完善。

回归撤县设区改革的目标，从上节中审批程序可知，撤县设区主要由地级市主导并提出申请，因此，理解撤县设区改革的目标应聚焦于地级市层面。基于各地公开的文本资料①，地级市撤县设区主要是为了提升城市竞争力、增强区域辐射带动作用、提高行政管理水平、完善公共服务以促进地区协调综合发展。本书认为撤县设区增强了地级市的统筹协调能力，通过城区的辐射带动作用，带动资源要素流动，进而对地级市整体产生影响。

具体到地级市城投有息债务，撤县设区对其规模具有正向刺激作用。主要基于以下两个理由：一方面，撤县设区可以通过提升地级市的融资信用环境和注资能力增强其债务融资能力；另一方面，也可以通过调整增长目标及提高公共服务水平以增加举债融资需求。其具体的作用机制（见图5-3）包括财政收入效应、土地金融效应、增长目标调整效应以及公共服务需求提升。

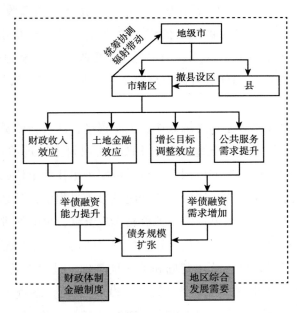

图5-3　撤县设区对城投有息债务的作用机制

---

① 如《吉林省民政厅关于进一步规范行政区划调整工作的通知》《甘肃省民政厅关于进一步规范行政区划调整工作的通知》《运城市人民政府关于对我市部分行政区划进行调整的工作报告》《江西省人民政府关于调整南昌市部分行政区划的通知》《河南省人民政府关于调整许昌市部分行政区划的通知》《杭州市人民政府关于调整杭州市部分行政区划的通知》《中共湖南省委 湖南省人民政府关于印发〈湖南省新型城镇化规划（2015-2020）〉的通知》。

通过图 5 - 3 可以清晰看到，撤县设区改革通过财政收入效应、土地金融效应、增长目标调整效应和公共服务需求四大渠道，进而提升地级市债务融资能力和增加融资需求两大机制，对地级市城投有息债务具有正向刺激作用。

第一，撤县设区改革会产生财政收入效应，市辖区和全市一般公共预算收入显著增加，改善融资平台信用环境和提升债务偿还能力，进而增强市场融资能力。财政收入效应得益于两方面①：

（1）市辖区的经济发展程度高于县，同时新区设立后往往伴随着政策优惠和产业扶持，市辖区的税基由此扩大，加之中心城区的辐射带动作用，进而推动全市经济增长和税源增加。

（2）财政管理上，一般公共预算收入征管上需要先入市库，再由市统筹划分给市辖区，市政府对于财政资源的统筹能力增强。撤县设区带来的财政收入效应，即增强了全市债务偿还能力；另外，一般公共预算收入指标是金融市场中对融资平台信用评级的重要依据（其他主要指标包括融资平台级别、转移支付收入、政府性基金收入、GDP 等），县改区后，金融市场对全市尤其是新设立的市辖区信用评级升高，融资平台信用环境改善，进而融资能力增强。

第二，撤县设区带来土地金融效应，为融资平台注入新的资本，融资平台融资能力增强。撤县设区后土地性质发生改变，农村土地被纳入城市规划区，土地性质也逐渐由集体所有变成国有土地，可用于出让的土地面积增加，进而土地出让收入规模显著扩大；同时，新区建设投入过程中，基础设施改善和资本、劳动力等的流入，纳入城区的土地价格实现上涨，也能促进土地出让收入规模扩张。土地资产是融资平台最初始、最重要的资产，是创造各类金融资产端的规模基础、质量基础、信用基础和流动性基础，是地方政府最容易实现、最便利操作的资产延伸工具（徐军伟等，2020）。因此，融资平台举债在很大程度上依赖于土地资产的注入（张莉等，2018；毛捷，徐军伟，2019），即土

---

① 在税收分成比例上，虽然总体上市辖区的分成比例低于县，但一般在撤县设区后会设置 3～5 年过渡期，此期间财政体制保持基本不变（如 2009 年《中共南通市委南通市人民政府关于设立南通市通州区有关问题的通知》、广西财政厅《关于撤县（市）设区过渡期财政管理体制有关问题的通知》、2017 年《关于即墨撤市设区区划调整有关情况的报告》《福州市人民政府关于长乐撤市设区五年过渡期财政管理体制的通知》），因此由税收分成比例变化带来的影响较小。

地金融，土地出让收入的大幅增加给融资平台注入了新的资产活力，从而增强其在金融市场上的债务融资能力，刺激债务规模扩张。

第三，撤县设区改革会驱动市政府调高经济增长目标，进而发展建设资金需求增加，债务融资需求同步增加。撤县设区的主要目标是实现地区经济社会发展，其中 GDP 增长是最为直观和重要的指标，要完成发展的目标，市政府必然会调整全市经济增长目标。准确说，市政府会调高全市经济增长目标，而在现有财政体制下，全国各地普遍面临发展建设资金不足的问题。在目前我国政府隐性债务还主要依靠市场约束条件下，政府通过融资平台举债融资是解决发展建设资金不足问题最便捷可行的方法。为此，在经济增长目标效应驱动下，政府举债融资需求扩大，在约束条件不足情况下，融资平台有息债务规模实现扩张。

第四，撤县设区改变了辖区属性和居民身份，居民的公共服务需要会扩大债务融资需求。撤县设区后，相当部分生活环境由农村变成城市标准，同时医疗、教育和道路交通等公共服务以城市标准建设，这也是推动城镇化建设、促进社会和谐发展的重要步骤。居民在医疗、教育和道路交通等方面公共服务需求的增加要求政府投入大量资金，因此，居民公共服务需求提升会增加政府进行债务融资的需求，最终导致融资平台有息债务规模扩张。

总结起来，撤县设区会带来财政收入效应、土地金融效应、经济增长目标调整效应和居民公共需求提升，进而导致融资平台有息债务规模扩张。其中的作用在于：

（1）财政收入效应和土地金融效应分别通过改善市场信用环境、提升债务偿还能力和土地资产注入的方式，增强地级市融资平台融资能力。

（2）经济增长目标调整效应和居民公共服务需求提升直接增加债务融资需求。基于上述分析，本书提出以下两个有待实证检验的研究假说。

假说1：撤县设区这一行政区划制度变更改变了经济社会条件，对融资平台有息债务规模具有正向刺激作用。

假说2：撤县设区对融资平台有息债务规模的正向影响作用机制在于财政收入效应、土地金融效应、经济增长目标调整效应和居民公共服务需求的提升，以上四种机制通过提升债务融资能力和增加债务融资需求影响债务规模。

5.4 实证设计与数据说明

5.4.1 计量模型设定

基于上述理论分析，并参考已有文献（吕炜等，2019；毛捷等，2019；范子英，赵仁杰，2020；等），本章利用撤县设区这一准自然实验，并与地级市融资平台有息债务数据相匹配，通过构造多期倍差法来检验撤县设区对地级市融资平台有息债务的影响。计量方程具体如式（5-1）：

$$Debt_{it} = \alpha + \beta \cdot adminreform_{it} + \gamma \cdot X'_{it} + \mu_i + \upsilon_t + \varepsilon_{it} \qquad (5-1)$$

在式（5-1）中，i 为地区（地级市），t 为时间（年份），$Debt$ 为债务规模变量（本书使用地级市融资平台有息债务规模度量），$adminreform$ 为撤县设区改革，X 为一个由控制变量组成的向量；α 为常数项，μ_i 和 υ_t 分别为城市固定效应、时间固定效应，ε 为误差项。β 和 γ 分别为撤县设区变量和控制变量的回归系数。本书重点关注 β 的回归系数，若 β 的回归系数大于 0，说明撤县设区改革对地级市融资平台有息债务具有正向促进作用，研究假说 1 得到验证；若 β 的回归系数不显著或小于 0，则说明撤县设区改革对地级市融资平台有息债务无显著影响或具有显著负向影响。

根据现有 DID 模型的原理，在利用计量方程式（5-1）识别撤县设区改革对地方公共债务影响的平均处理效应时，样本在改革前需要满足平行趋势检验假定，即本书区分的撤县设区改革处理组和对照组在改革实施前，其融资平台有息债务规模的变化趋势应保持一致。如果在改革之前趋势不一致，则说明 DID 识别结果可能有偏，结论可靠性降低（Besley and Case，2000；李永友，王超，2020）。另外，考虑现实生活中，改革政策需要传达—学习—执行—落地等一系列步骤，存在对应的时间和执行效果等因素，改革带来的影响可能存在滞后效应，以及不同时段的政策效果可能是有差异的。因此，在式（5-1）的基础上，同时对改革前、后 4 年进行考察，通过事件分析法以分别检验样本是否符合平行趋势和是否存在动态效应，具体计量方程见式（5-2）：

$$Debt_{it} = \alpha + \sum_{k=-4, k\neq-1}^{k=4} \cdot \beta_k \cdot adminreform_{it}^k + \gamma \cdot X_{it}' + \mu_i + \upsilon_t + \varepsilon_{it} \quad (5-2)$$

在式（5-2）中，$adminreform_{it}^k$ 为某地 i 发生改革前（后）第 k 年的虚拟变量，当年份为改革前（后）第 k 年时取值 1，否则取值为 0；此模型中包含了发生改革当年（$k=0$）、改革前 4 年和改革后 4 年，同时考察平行趋势和动态效应；其余变量与式（5-1）保持一致。

5.4.2　数据来源

本章使用的地级市融资平台有息债务数据来自徐军伟等（2020），撤县设区数据为作者手工搜集民政部官网和中国行政区划网相关文件整理得到。控制变量主要来自 EPS 数据平台中的"中国城市数据库"（和《中国城市统计年鉴》一致），转移支付变量数据来源为财政部预算司官网历年全国财政决算中的"中央对地方（一般性、专项）转移支付分地区决算表"（2015 年及以后）和网站申请公开（2015 年以前）。机制检验中经济增长目标数据来自各地级市历年年度工作报告，土地出让数据来源为中国土地市场网。稳健性检验中省直管县和撤县设市数据来自各地官网公开的文件和民政部官网。受数据可得性限制，本书样本区间为 2006~2018 年面板数据。

5.4.3　变量设置

（1）被解释变量（$Debt$）。实证分析过程中被解释变量为地级市融资平台债务规模数据，本章分别通过发行额和债务余额度量融资平台债务流量和存量状况，并分别通过取对数值和人均值对原始债务数据进行处理，在稳健性检验中还使用了"债务依存度""负债率"以及城投债发行概率。需要说明的是，融资平台有息债务由城投债和非标债务组成，而非标债务的发行额在原始数据中无法统计，因此文章实证中债务发行额为城投债发行额，债务余额为有息债务余额（包括城投债余额和非标债务余额）。具体而言，地级市（含下辖县区）融资平台有息债务包括短期借款、应付票据、应付短期债券、长期借款以及应付长期债券。

在数据处理方法上，为了避免因原始债务数据为 0 从而使债务的对数值缺失严重，本书实证中对债务取对数值的具体计算公式为：ln（1 + 债务数据）；债务人均值的计算公式为：$\dfrac{债务数据}{全市平均人口}$；债务依存度的计算公式为：$\dfrac{当年城投债发行额}{当年一般公共预算支出 + 当年城投债发行额} \times 100\%$；负债率的计算公式为：$\dfrac{当年有息债务余额}{当年地区 GDP} \times 100\%$。城投债发行概率为 0 ~ 1 变量，当年城投债发行额大于 0 则取值 1；等于 0 则取值为 0。

最终得到基准回归中的四个被解释变量：城投债发行额的对数值、城投债发行额人均值、有息债务余额的对数值和有息债务余额人均值，稳健性检验中使用债务依存度、负债率和城投债发行概率三个指标。

（2）核心解释变量（adminreform）。2000 年以来我国地方行政区划制度变更主要以省直管县、强权扩县和撤县设区为主，相对于前两项改革，撤县设区改革是一项综合性改革，对地区经济社会具有影响。为了识别行政区划制度变更对地方公共债务的影响，本章选择撤县设区作为"准自然实验"。具体指标设计上①，如果某一地级市辖区内发生了撤县设区改革，则当年及以后年份赋值 1；否则赋值为 0。为保证"准自然实验"的可比性，本书样本中剔除了行政区域面积发生变化的改革样本。由于部分城市辖区内当年发生多次撤县设区改革，为了检验这种撤县设区改革强度对融资平台有息债务的影响，在稳健性检验中，文章使用改革强度（reformden，辖区内撤县设区数量与辖区内所有县级单位数量的比值）这一强度 DID 进行检验。

（3）机制变量。理论分析中，本书认为撤县设区改革通过财政收入效应、土地金融效应、经济增长目标调整效应以及公共服务需求四个作用机制，对融资平台有息债务规模产生影响，为此分别在计量模型中加入作用机制变量。相应地，实证中使用的作用机制变量具体如下。①财政收入效应，通过市辖区一般公共预算收入②的对数值（lnrev_ur）度量，撤县设区改革直接影响的是新

---

① 改革时间以国务院批复为准，若批复时间为当年 6 月以后，则改革时间视为下一年发生。
② 我们也使用了市辖区一般公共预算收入的人均值、增长率以及全市一般公共预算收入对数值、人均值、增长率进行回归，回归结果是一致的。

设市辖区的一般公共预算收入，而一般公共预算收入是金融市场上对融资平台信用环境判断中政府财力的重要指标，直接影响融资平台在金融市场中的融资能力。②土地金融效应，实证分析中对市辖区土地出让（协议出让和招拍挂出让）价款人均值取对数①（perland2），以此作为土地金融效应的指标。之所以不使用《中国国土资源年鉴》中土地出让数据有三点考虑：一是撤县设区改革对土地出让收入的影响主要存在于市辖区层面，对下辖县的影响甚微，而《中国国土资源统计年鉴》中的土地出让数据只有全市层面，而缺乏市辖区层面数据；二是《中国国土资源统计年鉴》中土地出让指标的原始数据来自中国土地市场网，因此数据来源是一致的；三是样本区间，《中国国土资源统计年鉴》最新数据为 2017 年数据，与本书实证数据区间不匹配，使用中国土地市场网数据可以保证样本量。③经济增长目标调整效应，使用各地级市每年初政府工作报告中提出的 GDP 增长目标（gdptarget）作为度量指标。由于融资平台有息债务数据为地级市层面加总数据，债务决策由市政府基于全市整体经济社会情况制定的，全市经济增长目标是市辖区和县制定 GDP 增长目标的主要参考依据，因此基于实证口径和现实情况考虑，地级市 GDP 增长目标是测度经济增长目标调整效应的合适指标。④公共服务需求，撤县设区改革后，新设城区居民对交通、医疗和教育等公共服务需求发生变化，依据现实情况，公共服务需求会有显著提升，最终结果是全市市辖区的公共服务供给会有所提升。由于公共服务需求无法直接衡量，本书使用公共服务供给数量作为代理指标。具体而言，分别使用市辖区医院、卫生机构床位数（lnbed），小学学校数（lnschool）以及年末实有城市道路面积（lnroad）作为医疗、教育和交通公共服务的代理指标，以上指标均进行对数化处理。

（4）控制变量。①经济发展水平。经济发展水平是影响地方政府债务的重要因素，我们使用人均 GDP 的自然对数（lnpergdp）度量经济发展水平。②城镇化水平。地方融资平台一方面加快了城镇化的推进，同时也扩大了地方政府债务规模，我们使用市区人口在全市总人口中比重（urbanization）作为城镇化水平的测量指标。③金融发展水平。通过融资平台公司发债是地方政府进

———————————

①　数据来自中国土地市场网，作者手工收集其中市辖区（不含下辖县）2006～2018 年土地出让（协议出让和招拍挂出让）方式的成交价款，加总到地级市层面得到。

行债务融资的一个主要方式，当地的金融发展水平必然会直接影响地方政府的债务融资水平。我们使用金融机构贷款余额占 GDP 的比例（*loan*）衡量金融发展水平。④产业结构。一个地区的产业结构直接与地方政府的财政收入相关，是影响地方政府财政收支状况的一个主要因素，因此也会影响地方政府债务。我们使用工业产值占 GDP 的比重（*sgdp*）来度量。⑤转移支付收入。现在财政体制下，转移支付是地方综合财力中的重要指标，可能会对地方公共债务产生影响。由于现有公开数据的限制，尚未有地级市层面的转移支付数据，退而求其次，我们使用中央对地方（一般性和专项）转移支付分地区（省份）数据的增长率（*tpgrowth*）以检验转移支付收入的影响。除了上述主要控制变量，我们在稳健性检验中还考虑了相关财政体制改革（省直管县改革哑变量）和行政区划调整（撤县设市哑变量）。

本章实证分析使用的主要变量描述性统计如表 5 - 1 所示。

表 5 - 1　　　　　　　主要变量的描述性统计（2006 ~ 2018 年）

变量	指标含义	平均值	标准差	最小值	最大值	样本数
	被解释变量					
lnctfx	城投债发行额取对数	1.410	1.780	0	7.020	3653
perctfx	城投债发行额人均值（千元/人）	0.550	1.560	0	25.38	3653
lndebt	有息债务余额取对数	3.610	2.300	0	9.160	3653
peryxzw	有息债务余额人均值（千元/人）	6.100	14.03	0	145.3	3653
debtdd	债务依存度（%）	4.380	7.510	0	55.45	3653
leverage	负债率（%）	9.360	12.69	0	98.36	3653
ctzfx_prob	城投债发行概率（发行城投债取值 1，未发行为 0）	0.428	0.495	0	1	3653
	核心解释变量					
adminreform	撤县设区改革（当年已经发生赋值 1，否则为 0）	0.100	0.300	0	1	3653
reformden	撤县设区强度（撤县设区数量/辖区内县级单位数量）	0.0200	0.0900	0	1	3497
	控制变量					
lnpergdp	人均 GDP 取对数	10.36	0.700	7.930	12.28	3651

续表

变量	指标含义	平均值	标准差	最小值	最大值	样本数
urbanization	城镇化水平（市辖区人口平均值/全市人口平均值①）	0.350	0.230	0.0400	1	3644
loan	金融发展水平（金融机构贷款余额/GDP）	0.850	0.520	0.0800	7.450	3653
sgdp	产业结构（第二产业增加值/GDP）	0.490	0.110	0.150	0.910	3651
tpgrowth	转移支付收入（中央对各省转移支付增长率）	0.170	0.340	−0.810	5.530	3637
机制变量						
lnrev_ur	市辖区一般公共预算收入取对数	3.460	1.420	−1.330	8.170	3646
perland2	市辖区土地出让收入人均值取对数	0.460	1.490	−5.070	3.110	3523
gdptarget	全市年初经济增长目标（%）	11.17	3.130	1	31	3600
lnbed	市辖区医院、卫生机构病床数取对数	8.660	0.850	2.400	11.36	3626
lnschool	市辖区小学学校数取对数	4.720	0.810	1.790	6.920	3636
lnroad	市辖区年末实有道路面积取对数	6.850	0.960	0	9.840	3590

5.5　实证结果与分析

5.5.1　基准回归

基于式（5-1）检验撤县设区改革对地方公共债务规模的影响，具体回归结果如表5-2所示。表5-2中第（1）列、（2）列对城投债规模进行检验；第（3）列、（4）列的被解释变量为融资平台有息债务余额，并分别进行取自然对数和人均化处理。考察表5-2的回归结果可以发现，在控制了地区固定效应和时间固定效应后，撤县设区改革变量的估计系数置信水平均在1%以上，对地级市融资平台有息债务规模具有显著正向影响。以城投债发行额和有息债务余额的人均值为例，平均而言，撤县设区改革以后，其所在地级市融

———————————

① 市辖区和全市人口平均值指的是上年末与当年年末值的平均值。

资平台人均城投债发行额和有息债务余额分别增加 0.35 千元、3.17 千元，验证了研究假说 1。

表 5 - 2　　　　　　　　　　　　　基准回归结果

变量	(1) 被解释变量： 城投债发行额 的对数值	(2) 被解释变量： 城投债发行额 人均值	(3) 被解释变量： 有息债务余额的 对数值	(4) 被解释变量： 有息债务余额 人均值
adminreform	0.6972 *** (6.45)	0.3454 *** (3.11)	0.2822 *** (3.28)	3.1705 *** (3.45)
lnpergdp	0.6939 *** (4.02)	− 0.0512 (− 0.31)	0.9475 *** (6.70)	− 1.0227 (− 0.84)
urbanization	− 0.7213 (− 1.09)	1.8399 *** (2.63)	− 1.4762 *** (− 2.87)	21.1619 *** (3.17)
loan	− 0.0943 (− 1.32)	0.0782 (1.01)	− 0.1119 * (− 1.89)	1.2917 ** (2.09)
sgdp	− 0.2987 (− 0.74)	− 0.2919 (− 0.96)	− 0.2310 (− 0.70)	− 7.6579 *** (− 3.41)
tpgrowth	− 0.2067 *** (− 5.59)	− 0.0130 (− 0.60)	− 0.0272 (− 0.88)	0.2242 (1.35)
常数项	− 5.3359 *** (− 3.08)	0.4875 (0.29)	− 5.5202 *** (− 3.95)	11.6480 (0.93)
N	3624	3624	3624	3624
R^2	0.647	0.497	0.873	0.679
F	17.6839	5.3886	11.4023	11.6988
p	0.0000	0.0000	0.0000	0.0000
时间固定效应	是	是	是	是
个体控制效应	是	是	是	是

注：（1）括号内是稳健性标准误对应的 t 值；（2）*、**、*** 分别表示在 10%、5%、1% 的置信水平上显著。下同。

其他控制变量方面，所有控制变量的回归结果均不稳健，说明其对融资平台有息债务的影响是不稳健的，可能存在地区差异性和非线性的影响。其中经济发展水平、城镇化水平对融资平台的债务规模影响基本为正，原因在于：经济发展水平越高，金融市场也越发达，偿债能力也越强，越有利于地方政府通过融资平台进行债务融资；城镇化水平对融资平台债务规模的正向影响体现在债务存量上，说明城镇化是一个长期的过程，其对地方公共债务规模的影响是长期的。剩余变量中，金融发展水平对人均融资平台有息债务余额具有显著正向影响，这是因为地方政府通过融资平台举债融资过程中需要依托金融机构进行。

5.5.2　平行趋势检验和动态效应

在采用双重差分法进行实证分析需要满足"平行趋势"假设，即如果不发生撤县设区改革，实验组和对照组之间的发展趋势应该是一致的，且在改革之前不存在系统性差异。本书实证中，如果实验组（进行撤县设区改革）地级市在撤县设区之前就比对照组存在更高水平的债务规模，二者在改革前就存在系统性差异，那么必然会对本书结论产生影响。

为此，借鉴已有文献（Ferrara et al.，2012；刘瑞明等，2020；李永友，王超，2020）的做法，将撤县设区改革前后 4 年的年份虚拟变量加入模型中回归，即通过事件分析法对计量方程式（5-2）进行检验。需要说明的是，由于撤县设区是逐渐实行的，一个地级市可能在不同年份进行了多次改革，为了准确估计撤县设区的平行趋势和动态效应①，改革前后年份虚拟变量设置以第一次改革时间为基准，在事件分析法中以改革前一年作为基准期，估计系数为 0。

为了更直观展示回归结果，此处将改革前后的回归系数以及 95% 置信区间作图，具体如图 5-4 所示。从图中可以清晰看到，实验组和对照组在撤县设区改革前满足平行趋势假设，且撤县设区对债务规模的影响具有动态效应。

---

　　① 例如，地级市 A 在 2009 年和 2012 年都发生了撤县设区改革，那么 2013 年既是 2009 年改革后的第 4 年，又是 2012 年改革后的第一年，若不设定 2009 年为基准年份，那么回归结果会有误差。

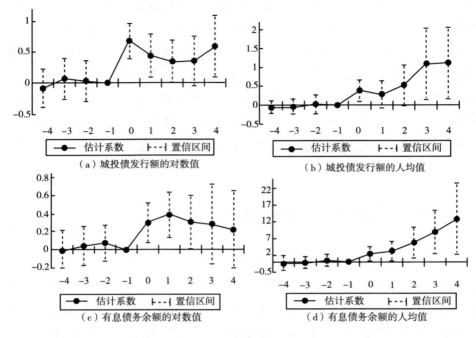

（a）城投债发行额的对数值　　　　　　　（b）城投债发行额的人均值

（c）有息债务余额的对数值　　　　　　　（d）有息债务余额的人均值

图 5-4　撤县设区的平行趋势检验和动态效应

5.5.3　作用机制分析

　　理论分析中，本书认为，撤县设区改革通过财政收入效应、土地金融效应、经济增长目标调整效应以及居民公共服务需求四个机制，最终促进地级市融资平台有息债务规模扩张。在基准回归结果的基础上，此部分对上述四个作用机制进行检验，即验证研究假说 2。参考文献中的普遍做法（Baron and Kenny，1986；余泳泽，张少辉，2017；王康等，2019），具体实证步骤①如下：首先，对撤县设区改革与机制变量的关系进行检验，若撤县设区改革变量的估计系数显著，且符合方向机制分析，则进行下一步分析，若撤县设区的估计系数不显著，则说明作用机制不存在；其次，将被解释变量同时

---

　　①　本书中的作用机制实质是中介效应，关于其实证检验，现有文献主要用三步法和两步法，后者省略了将被解释变量同时对机制变量和核心解释变量回归这一步骤。

对机制变量与核心解释变量（撤县设区改革）进行回归，根据中介效应原理，若机制变量估计系数显著，且核心解释变量不显著（完全中介）或估计系数变小（部分中介），则说明作用机制成立；若机制变量没有显著性检验，则需要进行 Sobel 检验进一步判断。

据此，分别对财政收入效应、土地金融效应、经济增长目标调整效应及居民公共服务的作用机制进行检验，具体实证结果见表 5－3 ~ 表 5－6。

表 5－3　　　　　　　　　作用机制检验：财政收入效应

变量	(1) 被解释变量：市辖区一般公共预算收入的对数值	(2) 被解释变量：城投债发行额的对数值	(3) 被解释变量：城投债发行额人均值	(4) 被解释变量：有息债务余额的对数值	(5) 被解释变量：有息债务余额人均值
adminreform	0. 1203 *** (4. 10)	0. 6777 *** (6. 25)	0. 3416 *** (3. 05)	0. 2708 *** (3. 13)	2. 9503 *** (3. 48)
lnrev_ur	—	0. 1616 ** (2. 38)	0. 0322 (0. 65)	0. 0946 * (1. 77)	− 0. 2357 (− 0. 63)
N	3624	3624	3624	3624	3624
R^2	0. 965	0. 647	0. 497	0. 874	0. 716
F	59. 9341	16. 0403	4. 7358	14. 3190	12. 5607
p	0. 0000	0. 0000	0. 0000	0. 0000	0. 0000
控制变量	是	是	是	是	是
时间固定效应	是	是	是	是	是
个体固定效应	是	是	是	是	是

表 5－4　　　　　　　　　作用机制检验：土地金融效应

变量	(1) 被解释变量：市辖区土地出让价款人均值取对数	(2) 被解释变量：城投债发行额的对数值	(3) 被解释变量：城投债发行额人均值	(4) 被解释变量：有息债务余额的对数值	(5) 被解释变量：有息债务余额人均值
adminreform	0. 1620 ** (2. 06)	0. 6855 *** (6. 31)	0. 3367 *** (3. 00)	0. 2391 *** (2. 81)	3. 0436 *** (3. 30)

续表

变量	（1） 被解释变量： 市辖区土地出让价款人均值取对数	（2） 被解释变量： 城投债发行额的对数值	（3） 被解释变量： 城投债发行额人均值	（4） 被解释变量： 有息债务余额的对数值	（5） 被解释变量： 有息债务余额人均值
perland2	—	0.0539 ** （2.38）	0.0530 ** （2.24）	0.0979 *** （4.29）	0.6395 *** （3.16）
N	3503	3503	3503	3503	3503
R^2	0.710	0.648	0.499	0.875	0.683
F	13.3523	15.7966	5.1435	12.7492	10.1721
p	0.0000	0.0000	0.0000	0.0000	0.0000
控制变量	是	是	是	是	是
时间固定效应	是	是	是	是	是
个体固定效应	是	是	是	是	是

资料来源：市辖区土地出让价款人均值取对数数据来自中国土地市场交易网，笔者手工收集其中市辖区 2006~2018 年土地出让（协议出让和招拍挂出让）方式的成交价款，加总到地级市层面得到。

表 5-5　　　　　　　　　作用机制检验：增长目标驱动效应

变量	（1） 被解释变量： 经济增长目标	（2） 被解释变量： 城投债发行额的对数值	（3） 被解释变量： 城投债发行额人均值	（4） 被解释变量： 有息债务余额的对数值	（5） 被解释变量： 有息债务余额人均值
adminreform	0.6242 *** （4.65）	0.6776 *** （6.11）	0.2984 *** （2.61）	0.2502 *** （2.83）	2.8195 *** （2.97）
gdptarget	—	0.0382 *** （3.49）	0.0569 *** （6.13）	0.0185 ** （2.04）	0.3593 *** （5.04）
N	3571	3571	3571	3571	3571
R^2	0.731	0.648	0.501	0.874	0.682
F	38.9664	16.4194	11.0234	10.2779	13.5003
p	0.0000	0.0000	0.0000	0.0000	0.0000
控制变量	是	是	是	是	是
时间固定效应	是	是	是	是	是
个体固定效应	是	是	是	是	是

表 5-6　作用机制检验：公共服务需求

变量	(1) 被解释变量：市辖区医院床位数的对数值	(2) 被解释变量：城投债发行额的对数值	(3) 被解释变量：有息债务余额的对数值	(4) 被解释变量：市辖区小学学校数的对数值	(5) 被解释变量：城投债发行额的对数值	(6) 被解释变量：有息债务余额的对数值	(7) 被解释变量：市辖区年末实有城市道路的对数值	(8) 被解释变量：城投债发行额的对数值	(9) 被解释变量：有息债务余额的对数值
adminreform	0.1173*** (5.55)	0.6790*** (6.23)	0.2631*** (2.99)	0.3055*** (8.60)	0.5962*** (5.46)	0.2733*** (3.16)	0.1006*** (3.15)	0.6939*** (6.28)	0.2119** (2.57)
lnbed	—	0.1206 (1.19)	0.1708* (1.87)	—	—	—	—	—	—
lnschool	—	—	—	—	0.3379*** (4.82)	0.0808 (1.45)	—	—	—
lnroad	—	—	—	—	—	—	—	0.1360* (1.65)	0.1681* (1.90)
N	3604	3604	3604	3614	3614	3614	3568	3568	3568
R^2	0.952	0.646	0.873	0.895	0.648	0.873	0.941	0.647	0.876
F	49.4344	15.3809	10.9489	126.2189	17.5857	10.0050	19.3416	15.4934	9.6063
p	0.0000	0.0000	0.0000	0.0000	0.0000	0.0000	0.0000	0.0000	0.0000
控制变量	控制	控制	控制	控制	控制	控制	控制	控制	控制
时间固定效应	是	是	是	是	是	是	是	是	是
个体固定效应	是	是	是	是	是	是	是	是	是

（1）财政收入效应。表5-3中第（1）列将市辖区一般公共预算收入的对数值对撤县设区改革回归，结果显示，撤县设区改革后，市辖区一般公共预算收入显著增长。进一步，将财政收入效应和撤县设区改革同时纳入回归中，结果显示，撤县设区改革对地级市融资平台债务规模具有显著正向影响，且估计系数均小于基准回归。但财政收入效应变量只有当被解释变量为城投债发行额的对数值和有息债务余额的对数值时，其系数才显著，因此需要对表5-3中第（3）、（5）列进行Sobel检验。Sobel检验结果显示，财政收入的中介效应显著为正，说明撤县设区后，由于中心城区的辐射带动作用，新设的城区一般公共预算收入有明显增加，进而改善全市的市场融资环境，提升当地融资平台的融资能力。

（2）土地金融效应。类似地，对土地金融效应的作用机制进行检验，实证回归结果如表5-4所示。由于撤县设区改革对土地出让的影响主要体现在新设立的城区上，进而影响全市融资平台的注资。表5-4第（1）列结果为撤县设区改革对市辖区土地出让价款人均值的影响；第（2）列~（5）列同时考察撤县设区和土地金融效应对融资平台债务规模的影响。通过考察表5-4的结果发现，土地金融的中介效应显著，撤县设区可以将原有的农村集体用地转变为国有建设用地，增加土地出让收入，为当地融资平台注入新的土地资本，最终提升融资平台的融资能力。

（3）经济增长目标调整效应。撤县设区后，为了实现地区经济整体发展，地级市政府需要调整其经济增长目标，经济增长目标的实现需要依靠大量发展建设资金的投入，因此地方政府更倾向于借助融资平台实现快速融资。表5-5对撤县设区的经济增长目标驱动效应进行检验，回归结果表明，经济增长目标调整的中介效应成立，撤县设区后，地级市整体的经济增长目标提高，在目标作用下，融资需求显著增加，最终导致融资平台债务规模扩大。

（4）公共服务需求。公共服务差异是县与市辖区一个显著的区别，撤县设区后，原先县内居民、农民变成市民，医疗、教育及交通的公共服务需求有显著提升。表5-6中第（1）列、（4）列、（7）列的被解释变量分别为市辖区医院卫生机构的床位数、小学学校数以及年末实有城市道路面积，分别作为居民医疗、教育和交通公共服务需求的代理指标，估计系数都显著为正，说明撤县设区后居民公共服务需求明显增加。进一步，以城投债发行额和有息债务余额的对数值为例，对居民公共服务需求的中介效应进行检验。结果显示，公共服务需求的中介效应存在①，且对债务规模的影响主要体现在存量债务上，这是因为改善居民公共服务是一个缓慢的过程，需要长期的资金投入。

5.5.4　异质性分析

撤县设区改革通过增强融资能力和增加融资需求，进而导致融资平台债务规模扩张，这种正向刺激作用主要体现在什么用途上，同时，撤县设区改革的影响是否因债务类型不同具有差异化，都需要进一步分析。

（1）债务用途。不同用途的债务对资金需求量具有差异性，明确撤县设区改革对融资平台有息债务的影响主要体现在什么用途的债务上，这有利于厘清导致地方公共债务规模扩张的原因。根据现有数据②，我们将城投债发行用途分为用于基建投资、棚改和保障房建设、偿还有息债务以及补充营运资金四大类。将城投债发行额人均值按具体用途分类，并分别进行回归，具体回归结果见表 5 −7。

表 5 −7　　　　　　　　　　异质性分析：城投债发行具体用途

变量	（1） 被解释变量： 用于基建投资	（2） 被解释变量： 用于棚改和保障房 建设	（3） 被解释变量： 用于偿还有息 债务	（4） 被解释变量： 用于补充营运 资金
adminreform	0.0367 （1.38）	0.0433 ** （1.99）	0.1427 ** （2.21）	−0.0022 （−0.08）
N	3624	3624	3624	3624
R^2	0.348	0.262	0.394	0.356
F	2.5204	6.4545	4.9408	2.3496
p	0.0195	0.0000	0.0000	0.0288

① 本书对表 5 −6 中第（2）列、（6）列的中介效应进行了 Sobel 检验，Sobel 检验中 P 值均为 0。
② 目前数据中只有城投债发行额可以根据债务具体用途具体分类，非标债务暂无相关详细数据，这需要在未来研究中进一步补充和完善。

变量	（1）被解释变量：用于基建投资	（2）被解释变量：用于棚改和保障房建设	（3）被解释变量：用于偿还有息债务	（4）被解释变量：用于补充营运资金
控制变量	是	是	是	是
时间固定效应	是	是	是	是
个体固定效应	是	是	是	是

考察表5-7回归结果可以发现，在样本区间，撤县设区改革对城投债发行额的正向影响主要体现在棚改和保障房建设以及偿还有息债务两方面，对基建投资和补充营运资金无显著影响。之所以用于棚改和保障房建设部分的城投债显著，且估计系数大于其他用途的部分，因为现实中撤县设区后居民住房问题是民生中最为急迫的问题，这是容易引发社会群体反响的重要问题，因此地方政府首先需要解决居民的住房问题。同时，表5-7第（2）列的回归结果也传递出一个信号：借新还旧是地方融资平台债务积累的一个重要方式，要做到有效治理地方公共债务，既需要控制增量，也需要关注存量债务带来的风险。

（2）城投债与非标债务。根据债务类型，融资平台有息债务可以分为城投债和非标债务两大类，这两类债务核心区别在于规范化程度和对政府的依赖程度，相对于城投债，非标债务管理过程不透明、市场化程度低以及对政府信用具有很强的依赖性，是资质一般、规模较小融资平台依赖的重要融资方式。为了检验撤县设区改革对城投债务和非标债务的影响是否具有差异性，我们分别使用城投债务余额（人均值与负债率）和非标债务余额（人均值与负债率）作为被解释变量，具体实证结果如表5-8所示。

表5-8　　　　　　　　　　　　异质性分析：标准债务与非标债务

变量	（1）被解释变量：城投债余额人均值	（2）被解释变量：城投债负债率	（3）被解释变量：非标债务余额人均值	（4）被解释变量：非标债务负债率
adminreform	0.7094 ** (2.51)	0.9060 *** (2.97)	1.7728 ** (2.53)	2.2079 *** (4.12)
N	3458	3458	3458	3458

变量	(1)	(2)	(3)	(4)
	被解释变量：城投债余额人均值	被解释变量：城投债负债率	被解释变量：非标债务余额人均值	被解释变量：非标债务负债率
R^2	0.577	0.690	0.705	0.740
F	9.9565	6.6053	11.9731	13.1453
p	0.0000	0.0000	0.0000	0.0000
控制变量	是	是	是	是
时间固定效应	是	是	是	是
个体固定效应	是	是	是	是

表5-8中前两列被解释变量分别为城投债务余额的人均值、负债率；第（3）列、（4）列则为非标债务余额的人均值和负债率。回归结果显示，样本区间，撤县设区改革对融资平台有息债务余额的影响主要体现在非标债务上，其估计系数（1.7728和2.2079）远远大于城投债务余额（0.7094和0.9060）。估计结果说明，地方政府面临建设发展资金需求时，往往会因地制宜地调动地方综合资源，通过操作更为简便的非标形式进行债务融资。但由于非标债务的不透明性以及业务复杂性远远高于标准形式的城投债务，其带来的债务风险更复杂，在实务中也更难控制，是抓实化解地方隐性债务风险工作的重要关注点。

5.5.5　稳健性检验

为了进一步检验结论的稳健性，本书还进行了一系列的稳健性检验。

（1）更换被解释变量。在基准回归中，被解释变量为融资平台债务规模的对数值和人均值。此部分我们将被解释变量替换为城投债务依存度（增量）、有息债务负债率（存量）以及城投债发行概率，重新进行回归。具体回归结果汇报在表5-9第（1）列~（3）列中，其中对城投债发行概率的估计方法使用的是 Logit 模型。结果显示，被解释变量被替换为城投债务依存度、有息债务负债和城投债发行概率后，撤县设区改革对融资平台债务水平的影响依然显著为正，这说明本书的结论是稳健的。

表 5 - 9　　　　稳健性检验：更换被解释变量和剔除特殊样本

变量	更换被解释变量			剔除特殊样本			
	（1）	（2）	（3）	（4）	（5）	（6）	（7）
被解释变量	债务依存度	负债率	城投债发行概率	城投债发行额的对数值	城投债发行额人均值	有息债务余额的对数值	有息债务余额人均值
adminreform	2.8321 ***	3.7575 ***	0.8017 **	0.6388 ***	0.2962 ***	0.4081 ***	2.1644 ***
	(4.85)	(5.09)	(2.18)	(5.39)	(2.63)	(4.08)	(2.68)
N	3624	3624	3406	3239	3239	3239	3239
R^2	0.578	0.743	—	0.611	0.490	0.856	0.648
F	13.6674	12.4322	—	21.3960	3.4405	11.6029	7.1359
p	0.0000	0.0000	0.0000	0.0000	0.0022	0.0000	0.0000
控制变量	是	是	是	是	是	是	是
时间固定效应	是	是	是	是	是	是	是
个体固定效应	是	是	是	是	是	是	是

（2）剔除特殊城市。相较于其他城市而言，省会、副省级城市在政治、经济资源等方面的地位相对更为显要，二者的特殊性可能会影响我们的基准结论。为此，在实证中剔除了省会、副省级城市，新样本的实证结果见表 5 - 9 中第（4）列~（7）列。可以发现，在剔除省会、副省级城市后本书的基准结果不变，撤县设区改革显著促进了城投债务的增长。这说明，撤县设区改革对融资平台债务规模的影响是全国性的。

（3）加入省份—时间联合固定效应。基础回归中只控制了地级市个体固定效应和年份时间固定效应，但双向固定效应不足以控制各省份随时间变化的政策（例如政府债券）或其他影响因素。各省份的经济发展程度各异，同时对地方公共债务的治理程度也有差异，这些因素都会影响地级市融资平台的债务融资。为此，我们在回归中加入省份—时间固定效应，以控制省份随时间而变化的因素，从而保证政策效应的准确识别，回归结果见表 5 - 10 中第（1）列~（4）列。回归结果显示，在控制省份—时间联合固定效应后，回归结果与基准回归的结果基本一致，这进一步论证了核心结论的稳健性。

表 5 – 10　　稳健性检验：加入省份—时间联合固定效应和使用强度 DID

变量	加入省份—时间趋势项				强度 DID	
	(1)	(2)	(3)	(4)	(5)	(6)
	城投债发行额的对数值	城投债发行额人均值	有息债务余额的对数值	有息债务余额人均值	城投债发行额人均值	有息债务余额人均值
adminreform	0.7050 *** (6.52)	0.3532 *** (3.17)	0.2561 *** (2.95)	3.2128 *** (3.48)	—	—
reformden	—	—	—	—	2.5847 *** (4.94)	20.1522 *** (4.32)
N	3624	3624	3624	3624	3474	3474
R^2	0.648	0.499	0.870	0.680	0.512	0.670
F	16.5282	5.5729	11.8911	10.1421	7.1180	11.2591
p	0.0000	0.0000	0.0000	0.0000	0.0000	0.0000
控制变量	是	是	是	是	是	是
时间固定效应	是	是	是	是	是	是
个体固定效应	是	是	是	是	是	是
省份 – 时间固定效应	是	是	是	是	否	否

（4）使用强度 DID。在基准回归中，撤县设区变量为 0 ~ 1 变量，鉴于部分地级市当年同时发生了多次撤县设区改革。本书通过当年进行撤县设区改革的县数量与辖区内县级单位总数的比值作为强度变量，通过强度 DID 以识别改革强度对融资平台债务规模的影响，具体结果见表 5 – 10 中第（5）列、（6）列。以城投债发行额人均值和有息债务余额人均值为被解释变量，撤县设区改革的估计系数显著为正，且系数大小远大于基准回归的结果，这说明撤县设区改革对债务规模影响的重要性。

（5）考虑样本可比性。样本区间中，有部分样本均为发生过 1 次撤县设区改革，同时撤县设区改革发生的地级市也并不是随机选择的，可能产生样本选择偏差问题，以上可能导致样本缺乏可比性。为此，本书首先剔除样本区间未发生撤县设区改革样本，同时使用强度 DID 进行回归；另外，通过倾向得分匹配基础上的双重差分（PSM – DID）方法进行估计，具体回归结果见表 5 – 11。

表 5 – 11　　　　　　　　　　稳健性检验：考虑样本可比性

变量	剔除样本区间未改革样本		PSM – DID			
	（1）	（2）	（3）	（4）	（5）	（6）
	城投债发行额人均值	有息债务余额人均值	城投债发行额的对数值	城投债发行额人均值	有息债务余额的对数值	有息债务余额人均值
reformden	2.2670 *** (4.02)	16.0654 *** (3.19)	—	—	—	—
treated_psm	—	—	0.6972 *** (6.45)	0.3454 *** (3.11)	0.2822 *** (3.28)	3.1705 *** (3.45)
N	1082	1082	3624	3624	3624	3624
R^2	0.560	0.701	0.647	0.497	0.873	0.679
F	5.0327	5.0105	17.6839	5.3886	11.4023	11.6988
p	0.0000	0.0000	0.0000	0.0000	0.0000	0.0000
控制变量	是	是	是	是	是	是
时间固定效应	是	是	是	是	是	是
个体固定效应	是	是	是	是	是	是

表 5 – 11 中第（1）列、（2）列为剔除样本区间未发生改革样本的估计结果；第（3）列 ~（6）列为使用 PSM – DID 的结果，其中倾向得分匹配使用核匹配法。观察回归结果可以发现，使用剔除未发生改革样本后，撤县设区改革对融资平台债务规模依然具有显著的促进作用；使用 PSM – DID 方法回归，撤县设区改革的估计系数显著为正。以上结果进一步强化了本书的结论。

（6）排除其他改革的影响。我国行政区划制度变更中，除了撤县设区外，还存在辖区合并、撤县设市以及省直管县等不同改革。其中，辖区合并指的是不撤销原县，同时不设新城区，但将县行政区划划入到现有城区（不包括现有城区间行政区域互相划转）；撤县设市指的是将县重新调整为县级市。辖区合并改变了现有市辖区的经济社会条件，从而可能对债务融资规模产生影响，而撤县设市和省直管县对融资平台债务规模的影响机制与撤县设区相反，因此都可能对基准结果产生影响。具体地，在回归中分别加入辖区合并、撤县设市和省直管县变量，回归结果如表 5 – 12 所示。

表 5 - 12   稳健性检验：考虑其他改革

变量	辖区合并		撤县设市		省直管县	
	(1)	(2)	(3)	(4)	(5)	(6)
	城投债发行额人均值	有息债务余额人均值	城投债发行额人均值	有息债务余额人均值	城投债发行额人均值	有息债务余额人均值
adminreform	0.3395 *** (3.06)	3.1446 *** (3.40)	0.3443 *** (3.10)	3.1659 *** (3.44)	0.4672 *** (4.49)	4.1124 *** (5.06)
*areaplus*_01	0.2287 ** (2.17)	0.9900 (1.15)	—	—	—	—
cxss	—	—	- 0.3246 ** (- 2.32)	- 1.2819 (- 0.97)	—	—
N	3624	3624	3624	3624	3448	3448
R^2	0.498	0.680	0.498	0.679	0.520	0.673
F	5.6945	10.4622	5.4723	10.1559	9.6251	15.9220
p	0.0000	0.0000	0.0000	0.0000	0.0000	0.0000
控制变量	是	是	是	是	是	是
时间固定效应	是	是	是	是	是	是
个体固定效应	是	是	是	是	是	是

　　表 5 - 12 中被解释变量为城投债发行额人均值和有息债务余额人均值，并分别在回归中加入辖区合并、撤县设市与省直管县变量。回归结果显示，在考虑其他行政区划制度调整后，撤县设区改革的结果依然显著，辖区合并、撤县设市的系数不显著；省直管县由于削弱了地级市对县的统筹管理权限，也改变了地级市的融资能力和融资需求，与融资平台债务规模具有显著的负相关。以上结果表明，本书的结论是稳健的。

　　（7）安慰剂检验。对本书实证分析而言，还有一个挑战是，地级市融资平台债务规模的统计显著性可能来自其他随机因素。为此，本书进一步通过安慰剂检验以说明结论的稳健性。参考切蒂等（Chetty et al.，2009）以及马斯特布尼和皮诺蒂（Mastrobuoni and Pinotti，2015）的做法，按照所有样本中发生撤县设区改革的实际情况，随机生成同等数量的处理组重新进行回归，为了保证安慰剂检验有效应，将上述过程重复 500 次。最后，将 500 次回归中的撤县设区改革的估计系数统计出来，画出估计系数的核密度图，与基准回归结果进行对比。我们预计，通过随机构造的改革变量的影响与真实撤县设区改革的效果具有显著差异，真实撤县设区改革的估计系数不处于安慰剂检验估计系数的分布之中。

图 5 - 5 为安慰剂检验中撤县设区改革的估计系数核密度图，通过观察图 5 - 5 可以发现，真实撤县设区改革的估计系数均位于安慰剂检验的估计系数核密度图之外，排除了因随机因素导致债务规模显著的可能。以上安慰剂检验结果说明本书中撤县设区改革对地级市公共债务规模的作用是稳健的，确实促进了融资平台债务规模的扩张。

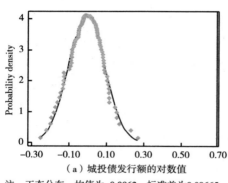

（a）城投债发行额的对数值

注：正态分布，均值为-0.0062，标准差为0.09665。

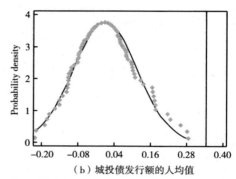

（b）城投债发行额的人均值

注：正态分布，均值为0.01211，标准差为0.10619。

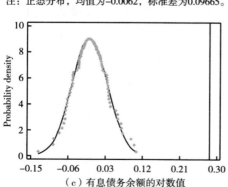

（c）有息债务余额的对数值

注：正态分布，均值为-0.00598，标准差为0.04416。

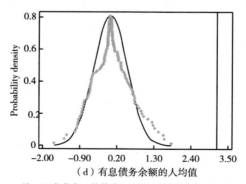

（d）有息债务余额的人均值

注：正态分布，均值为0.01832，标准差为0.49316。

图 5 - 5　撤县设区改革的估计系数核密度

5.6 本章小结

防范化解地方公共债务尤其是隐性债务风险是防范重大风险的题中之义，也是国家治理体系和治理能力现代化过程中必须要解决的问题。行政区划制度是构成我国国家治理体系和组织结构的基本形式，行政区划制度变更通过改变辖区内经济社会条件，对地方公共债务产生影响。撤县设区改革是 2000 年以来中国行政区划调整中的重要制度事实，本书利用这一"准自然实验"，结合 2006～2018 年地级市融资平台债务数据，通过倍差法检验行政区划制度变更对地级市融资平台债务规模的影响。

本章的主要结论如下：第一，撤县设区改革对地级市融资平台债务规模有显著正向刺激作用，撤县设区后，地级市融资平台的城投债发行额和有息债务余额均有显著增长；第二，撤县设区改革对融资平台债务规模的作用机制包括财政收入效应、土地金融效应、经济增长目标调整效应以及居民公共服务需求，财政收入效应和土地金融效应通过改善金融市场环境、注入土地资产增强了融资平台的融资能力，经济增长目标调整效应和居民公共服务需求增加融资需求，进而促进债务规模扩张；第三，异质性分析发现，撤县设区改革对融资平台债务的影响主要用于棚改、保障房建设以及偿还债务，且对非标债务的影响远大于标准的城投债。

第 6 章

财政权力配置的影响：资源组织
动员能力的解释*

6.1 引　　言

中国经济增长本质上是一个政治经济学问题，世界上采取市场经济体制的国家很多，但是经济能够保持长期持续增长的国家却不多，学术界在总结中国的成功经验时，往往归因于我国的制度安排（吴敬琏，刘吉瑞，1998；吴敬琏，2016）。但是，对政府行政权力的配置是如何影响经济行为的问题，文献中却一直缺乏较深入的研究，这其中既有数据缺乏的原因，也有缺乏一个好的观察视角的原因。

财政是观察政治与经济联系的一个非常好的切入点。在经济社会发展实践中，"财"与"政"不分家，财政问题不仅是经济问题，更多的是政治问题。财政权力可以分为决策权、征税权、支出权和监督权（全承相，吴彩虹，2011；吕冰洋，2014），权力间的配置会极大地影响政府经济行为。改革开放以来，中国地方政府展现出发展型政府的典型特征①，发展型政府需要灵活的财政制度和较大的财政自主权，以使得他们能够因地制宜地解决他们面对的经

---

　　* 本章内容载于《中国人民大学学报》2021 年第 5 期，标题为《财政权力配置对地方举债的影响研究》，有所改动。

　　① 发展型政府指的是"一批超脱于社会力量或利益集团左右的精英"，制定发展战略与产业政策，动员有限资源实施后发赶超（Johnson，1982），改革开放以来，中国发展型政府贯穿于经济社会发展中（张晓晶等，2019）。

济问题，此时财政权力如何配置对地方政府来说，就是一个影响其经济行为的非常重要的制度变量。

中国财政体制在 1994 年实行分税制改革后有一个很大变化，即地方财政长期处于紧运行状态，所有省份财政收入低于财政支出，都需要中央政府转移支付才能弥补财政缺口。在此背景下，地方政府非常有动力通过财政权力配置来突破制度约束。财政权力中，财政决策权集中在地方党委和政府，监督权集中在地方人民代表大会，决策权和监督权的分设有利于财政规范运行，但是不容否认的是，适度统筹财政监督和决策权力会增加地方政府财政主动性，可为地方发展争取多样化的财政资金来源，其中争取地方公共债务资金就是典型的例子。

地方公共债务治理是我国面临的重大课题，就地方债治理的政策过程而言，影响它的主要是决策权和监督权，决策权归于地方党委，监督权则对应地方人大。决策权决定债务是否举借、规模大小和具体形式，监督权约束着债务决策是否能实现。从法律规定上看，地方融资平台（也称为城投平台）有息债务（以下简称为城投债务）属于非正式财政，它对缓解地方财政压力、实现地方发展目标起到非常重要的作用，城投债务的发行（规模、流程、类型等）、资金使用、债务偿还、风险管理及监督等各阶段都与地方公共决策相伴相生，也就是说，城投债务问题与地方人大的预算监督权、地方党委的公共决策权密切相关。就实践而言，2000 年后有一个典型的现象是，党委书记同时任职人大主任，这一实践安排联结了地方党委和人大两大重要政治权力，在推进国家治理体系和治理能力现代化的背景下发挥着重要角色。这一实践有利于提高地方资源组织动员能力，对财政权力的具体影响是统筹了财政决策权和监督权，它势必对城投债务有着重要影响。

基于此，本章从政治实践角度研究统筹财政权力对城投债务的影响。具体地，通过中国地方政治实践中一个重要制度事实——兼任制度解释地方党委部门和权力机关的政治权力关系，以此讨论发展型政府下这一制度与城投债务的关系。这对解释中国经济增长进程中政治权力配置与经济表现的关系提供一个非常好的观察视角，同时，它有助于探寻地方公共债务增长的制度原因。

6.2 制度背景

6.2.1 制度背景一：发展型政府与地方发展建设资金

中国经济自改革开放以来保持着长期的高速增长，其中一个重要的因素是发展型政府的推动（张晓晶等，2019）。地方政府肩负着发展地方经济的重要任务，但客观条件上又缺乏足够的财政收入和正规渠道资金的支持，因此，在财政预算资金外，各种筹集地方发展建设资金的工具应运而生。

改革开放后，为了调动地方政府积极性，财政体制实行"分灶吃饭"，地方政府在大力推动经济发展过程中使用了大量的预算外资金和部门收入，进而诱发了"土地财政"的兴起（楼继伟，2019），这是分税制改革前地方政府运用非正式财政促进发展的一个典型现象。分税制改革以来，地方政府发展资金来源中的相当部分一方面依靠土地出让金，另一方面则是融资平台债务、政府投资基金、PPP 项目和政府购买等形式的隐性债务，2014 年新《预算法》实施之前地方政府不能发行债券，地方隐性债务成为地方政府发展中重要的发展建设资金（郑谊英，2015）。审计署 2013 年公布的全国政府性债务审计结果显示，地方政府性债务资金主要投向为市政建设、土地收储以及交通运输设施建设，主要用于经济建设，这也充分说明了地方政府经济发展的强大动机下对地方融资平台债务这类发展建设资金的依赖。

纵观中国地方经济发展与发展建设资金筹集的变迁过程，可以发现，发展型政府背景下，非财政预算资金为地方政府提供资金支持，在地方发展中发挥着重要作用。发展型地方政府在经济发展的驱动力下，会根据发展阶段和经济社会条件创造性使用不同形式的非财政预算资金，地方政府统筹发展的能动性与非财政预算资金具有重要联系。

6.2.2 制度背景二：地方政治实践的两个重要事实

人民代表大会制度是中国的根本政治制度，随着新中国成立至今已经发展了 70 多年，其中地方人大常委会制度建立及其不断发展是全国人民代表大会制度的一个重要成就（席文启，2014）。在党的领导下，地方人大作为我国地方立法机关，在地方经济社会发展过程中扮演着不可或缺的重要角色。结合地方人大制度的演变过程和实践可以发现，我国地方人大制度存在以下两个重要事实。

（1）地方人大是财政监督中重要的一环。法律层面上，宪法第 2 条规定，人民行使国家权力的机关是全国人民代表大会和地方各级人民代表大会；第 58 条规定，全国人民代表大会和全国人民代表大会常务委员会行使国家立法权。① 同时地方人大还肩负执行国家和上级政策的重要责任，《地方各级人民代表大会和地方各级人民政府组织法》第 11 条规定，县级以上的地方各级人民代表大会在本行政区域内，保证宪法、法律、行政法规和上级人民代表大会及其常务委员会决议的遵守和执行，保证国家计划和国家预算的执行。法律条文上赋予了全国人大以及地方人大充足的权力，但长期以来，人大权力被分割（何增科，2018；金灿灿，2019）。党的十八大以来，伴随着预算改革相关政策，人大权力逐渐落到实地。预算监督方面，随着预算改革的推行，人大预算监督已经开始由原来的程序性监督迈向实质性监督（林慕华，马骏，2012）；2014 年新《预算法》的颁布与实施，在全口径预算管理、预算公开以及审查制度等方面将人大预算监督推入了新的发展阶段②，人大对于国家"钱袋子"权力履行越来越有效（赖伟能，2015；许聪，2018）。

党和国家监督体系是国家治理体系的重要组成部分，财政是国家治理的基础和重要支柱，财政监督也是党和国家监督体系中的重要内容，也是一个涵盖党、政、人大的综合系统。具体而言，财政监督包括纪委部门、审计部门、财政部门等自我监督，除此之外，地方人大肩负着预算监督的重要职

---

① 根据《中华人民共和国宪法（2018 年修正）》，县级以上的地方各级人民代表大会常务委员会讨论、决定本行政区域内各方面工作的重大事项；监督本级人民政府、监察委员会、人民法院和人民检察院的工作；地方各级人民政府对本级人民代表大会负责并报告工作；县级以上的地方各级人民政府在本级人民代表大会闭会期间，对本级人民代表大会常务委员会负责并报告工作。

② 各地方人大及其常委会的相关负责人从实践出发，从其自身基层实践工作中也印证了近年来地方人大预算监督权力取到了初步成效（唐益生，2017；洪开开，2019；皋兰县人大常委会，2019）。

责，人大监督是财政监督的重要组成部分。2014 年新《预算法》实施以前，地方债务"后门"敞开，缺乏法律约束，各部门以及市场对地方债务风险没有足够重视，财政监督力度较弱，城投债务规模迅速扩张，债务风险日渐积累。2014 年新《预算法》通过实施以后，财政监督提高至法律层面，同时党中央、国务院以及人大等各部门都加强对地方债务的管理和控制，财政监督体系得到了空前加强。纵观财政监督的发展历程，可以发现，2014 年是财政监督的一个重要节点，新《预算法》从法律上保证了财政监督的实施，以人大监督为代表的财政监督强度在党和国家监督体系中得到质的加强。

2008 年地方融资平台开始加速发展，地方公共债务也开始受到社会各界关注。伴随着地方融资平台债务的出现，我国不断加强对其管理，对信用市场中的城投债治理也日趋透明和规范。尤其是新《预算法》实施以来，地方政府债务实行预算管理，全国人大以及地方各级人大及其常委会在应对地方政府债务、化解债务风险等问题上发挥着重要作用，如听取政府债务管理情况报告、专题调研、颁布加强政府债务监督办法以及审批政府债务预算等①。

纵观我国人大制度的发展，地方人大始终是我国的权力机关，始终是将各方意志上升为国家意志的唯一途径。地方人大在地方公共决策中行使着重要角色，对地方财政也具有审查监督的权力，构成了中国特色监督体系中的重要环节。

（2）提高地方资源组织动员能力的组织结构。长期以来，为了充分发挥和调动地方积极性、提高地方资源组织动员能力，我国经济社会发展实践中存在着大量的非正式制度，如历史上出现的预算外资金等。本章观察到的兼任制度即是组织结构上的一种非正式制度，统筹了财政决策权和监督权。自市县人

---

① 例如，云南省临沧市人大常委会办公室关于印发《临沧市人大常委会关于加强政府债务监督的办法（暂行）》的通知，2018 年河北省人大常委会办公厅印发《关于人大预算审查监督重点向支出预算和政策拓展的实施办法》的通知、2017 年安阳市人大常委会关于市政府性债务监督暂行办法以及多地地方人大开展政府性债务情况调研（http：//www. zhangzhou. gov. cn/cms/html/zzsrmzf/2019 - 04 - 18/1863242930. html、http：//rdcwh. qingdao. gov. cn/n8146584/n31031326/n31031343/170412141258615073. html、http：//www. xuancheng. gov. cn/openness/detail/content/5b24ae6320f7fe2e451c39a6. html），等等。

大制度建立以后，我国各地区普遍实行党委书记与人大主任分设模式。《地方各级人民代表大会和地方各级人民政府组织法》等相关法律中没有对省以下的人大常委会主任任职作特别规定和说明，从文件规定上看，地级市党委书记同时任职人大常委会主任这一政治实践出现在各省省委书记的兼任之后①。党委书记同时任职人大常委会主任始于 1992 年中央在有关省（市、自治区）选举的文件②中明确提出"如果没有合适的人选，可以提名当地省委书记作为人大主任的候选人"的要求。而 2002 年开始的各省（市、自治区）换届选举中，中央统一要求，省（市、自治区）委书记一般应被推荐为本省人大常委会主任的候选人（周建勇，2018；王勇，许永晶，2019）。在之后的五年中，党委书记兼人大常委会主任的现象逐渐增多③，并从省一级向市县一级延伸。2004 年 9 月党的十六届四中全会明确提出"适当扩大党政领导成员交叉任职，减少领导职数"的领导机构改革新要求，为兼任制度提供了进一步的政策支持（张书林，2013；魏姝，2015）。

图 6-1 描绘了 2006~2018 年市委书记兼任人大常委会主任的地级市数量。可以发现，整体上，全国实行兼任制度的地级市数量占所有地级市比例在 30%~45%，是我国地方政治实践中一个不可忽视的重要事实。按人均 GDP 标准将所有地级市划分为经济发展程度高、低两组，进而对比两组样本中实行兼任制度的地级市数量，数据显示，经济发展程度较低地区中市委书记兼任人大主任的数量一直多于经济发展程度较高地区。以上数据传递了两个信号：一是兼任制度是地级市政治实践中的重要事实；二是经济发展较为落后地区实行兼任制度的可能性更大。

---

① 已有研究（邱雨，宋春娟，2016；何俊志，罗彬，2019；等）认为省级兼任进行规定最早的文本出现是在 1992 年，网上公开资料显示，地级市兼任制度的相关说明最早为 2003 年 12 月 10 日《中共甘肃省委关于进一步加强人大工作的意见》。

② 我们通过公开资料查找均未找到该文件，关于兼任的起源有所争议，但是 1993 年尤其是党的十五大后省级兼任模式开始普遍是学者们的共识（邱雨，宋春娟，2016；何俊志，罗彬，2019）。兼任制度起源的争议并不影响本书的研究，本书研究通过地市领导人公开信息提炼出中国地方兼任制度的典型事实。

③ 自党的十六大以来，实行省级党委书记兼任人大常委会主任的模式固定下来。截至目前，全国除 4 个直辖市（北京、天津、上海、重庆）和新疆、西藏实行分任以外，其他 24 个省份（不包括香港、澳门和台湾地区）均实行省委书记与省人大常委会主任兼任制度。

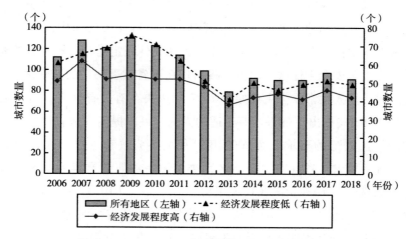

图 6-1 2006~2018 年实行兼任制度的城市数量

6.3 理论分析和研究假说

兼任制度存在于经济社会发展的实践中，需要从发展型地方政府框架理解[①]。现行兼任制度存在省级和地级市层面的区别，前者（省级）主要基于政治因素考虑，兼任制度有利于坚持党的集中统一领导，发挥党委"总揽全局、协调各方"的领导作用；后者（地级市）更强调经济意义，即地方政府通过兼任制度充分发挥地方积极性，以实现地方治理的目标。

发展型地方政府基于地方经济发展的目标，需要提高自身资源动员能力，充分调动地方综合资源以筹集经济发展建设资金，从而实现地方发展的目标。其中，统筹财政权力是最重要的环节，地方市委拥有地方财政决策权，地方人大则是地方财政的监督者。地方兼任制度兼顾了地方党委和人大两大政治权力，能够发挥地方统筹财政的主动性，为提高地方资源动员能力提供制度环

[①] 兼任制度是中国地方政治制度的一个重要事实，其形成原因是多方面的，例如人事安排、调动地方发展积极性以及历史因素等（陈琛，2010），本书从地方政府统筹发展角度进行剖析，只讨论兼任制度的经济意义。

境，对城投债务有着重要影响。

图 6-2 描绘了 2006～2018 年实行兼任制度的城市数量与城投债务负债率的变化趋势。如图显示，二者的变化趋势基本一致，说明兼任制度确实和城投债务规模具有紧密联系。接下来对其影响机制进行分析。

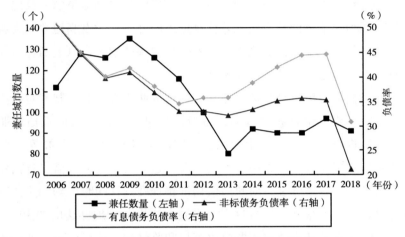

图 6-2　2006～2018 年实行兼任制度的城市数量与负债率

第一，兼任制度统筹了地方财政决策和监督权，提升了地方组织动员能力。城投债务联结着地方财政资源和金融资源，其本质是非正式财政资金，即地方政府为实现经济社会发展目标而进行的债务融资，其规模大小与地方综合资源以及发展目标息息相关。兼任制度下党委书记和人大常委会主任集为一人，可以有效避免党政部门与地方人大的信息不对称（周雪光等，2020），统筹了地方财政决策权和监督权，进一步提高地方公共决策的效率。直接影响是地方资源组织动员能力得到增强，主要体现在缓解资源约束的能力和应对来自上级政府增长压力进一步提升。地方公共债务持续增长的原因，一方面受资源约束，即地方综合资源有限（主要是财政、金融资源），地方发展过程中受资源约束①，地方政府通过公共债务融资；另一方面为增长压力，即上级政府的

----

① 已有研究认为地方政府分税制导致的地方财权事权不匹配是地方公共债务增长的直接原因（龚强等，2011），另外地方财政收入强化了地方政府主动举债的动机（毛捷等，2019）。无论是被动举债和主动举债，地方公共债务的增长直接与地方财政资源相关，此外，财政制度延伸到金融制度。因此，地方公共债务与财政、金融资源约束息息相关。

目标激励不断加码（周黎安，2015），地方政府借助公共债务融资以完成来自上级政府的目标。由此看来，资源组织动员能力是发展型地方政府促进地方发展的重要工具，兼任制度增强了地方政府资源组织动员能力，因此，面对增长压力或资源约束，采取兼任制度的地区能够凭借更强的资源组织动员能力来舒缓压力或缓解约束以实现经济社会发展，其结果就是更多地举债。反之，如果某地区增长压力小或资源约束弱，兼任制度可能并不会激发当地政府大幅提升资源组织动员能力，公共债务规模也就不会随之快速增长。以上两种机制是直观的，且也符合地方公共债务的现实情况。

第二，城投债务可以分为城投债和非标债务两大类，兼任制度对两类债务的影响效果有差别。结合我国现实，城投债务进一步区分为城投债和非标债务。其中，城投债（企业债、中期票据、定向工具和短期融资券等）融资主体上主要是信用资质较好的大中型融资平台，这类平台公司凭借自身信用资质能够在金融市场上筹集资金，对政府信用依赖程度低；同时市场化操作程度很高，发行过程透明度很高，发行过程受多层次法规和管理办法的约束①，发行条件相对严苛，纵使地方统筹了财政决策权和监督权，违反市场化准则和相关政策规定的可能性较低，因此兼任制度对其影响甚微。而非标债务②主要通过银行、信托、基金/资管和租赁等形式的债务融资，资质较差的偏小型融资平台对其依赖程度较高；其次管理过程相对不透明，可能隐藏合规隐患，债权债务结构不清晰，难以对应到原始项目。与信用市场中的城投债不同，融资平台非标债务更多借助于政府信用运行，即政信项目。如 2019 年出现非标违约的内蒙古科尔沁城市建设投资集团有限公司的"联储证券——政融 1 号集合资产

---

① 主要法规及管理办法包括证监会、国家发改委以及交易商协会发文及有关规定。证监会方面，主要有 2007 年 8 月颁布的《公司债券发行试点办法》、2015 年《公司债券发行与交易管理办法》、证监会及交易所的窗口指导；发改委方面，2008 年 1 月出台了《关于推进企业债券市场发展、简化发行核准程序有关事项的通知》、2010 年 11 月《关于进一步规范地方政府投融资平台公司发行债券行为有关问题的通知》、2014 年 9 月《关于试行全面加强企业债券风险防范的若干意见的函》、2015 年 2 月《关于进一步改进和规范企业债券发行工作的几点意见》等；交易商协会除发文对协会产品进行规范外，还会在其召开的主承销商会议上公布对协会产品发行注册的最新要求，对于城投类发行主体的核心要求在于"六真原则"，发文主要有 2014 年 12 月《关于进一步完善债务融资工具注册发行工作的通知》、2015 年 6 月的《关于进一步推动债务融资工具市场规范发展工作举措的通知》等。
② 需要说明的是 Wind 数据库中没有详细的非标债务数据，但是可以通过总体有息债务减去城投债部分得到非标债务的债务余额数据。

管理计划"和多伦春晖城市投资有限责任公司的"中江信托金马508号集合资金信托计划"分别有内蒙古科尔沁地区财政局和多伦县政府的承诺担保。以上例子说明，地方政府在发展型政府驱动下，倾向于借助融资平台发行非标债务，从而为地方发展筹集资金。总体上看，城投债务中，虽然非标债务的融资成本较高，但因为规范化程度相对较低，统筹财政权力的兼任制度使得地方更青睐于非标债务。正因为如此，2017年财政部50号文件和2018年"资管新规"① 等政策逐步对地方债务趋严管理，以防范债务风险。

第三，随着财政监督体制的完善，兼任制度对城投债务扩张的影响会发生改变。整体上，2014年以前，国家对城投债务风险的关注度不高，相关法律和政策规定对城投债务的监管不充分，加上人大权力被分割，现实中往往被认为是"橡皮图章②"，财政监督的作用微弱。因此，在如此环境下，地方政府更倾向于通过兼任制度，提升资源动员能力，以实现本地发展，而忽视了财政监督对城投债务的管控。2014年以来，伴随着国家治理现代化的推进和预算改革相关政策的实施，中央和各地致力于防范和化解地方债务风险问题，同时人大权力逐渐落到实地，财政监督体制的完善有助于地方债务尤其是非标债务风险的管控。

图6-3呈现了兼任制度与城投债务增长的逻辑。通过图6-3可以清楚看到，兼任制度统筹了地方财政决策权和监督权，提高了地方资源组织动员能力，最终通过城投债和非标债务这两种债务规模的结构性变化影响城投债务规模。对城投债而言，其对融资主体的要求以及规范化市场原则使得兼任制度的影响较小。非标债务方面，兼任制度通过增强缓解财政金融资源约束以及增长压力的能力两个渠道导致非标债务增长。具体而言，地方面临的增长压力越大，地方通过组织动员综合资源以实现经济社会发展的激励越强（彭冲，陆铭，2019），兼任制度对城投债务的影响越强，导致了非标债务的增长；另外，地方面临的财政、金融资源约束越强，地方政府通过兼任制度的组织动员能力实现债务融资的动机越强（洪源等，2018）。总体上，兼任制度对城投债务的影响取决于城投债和非标债务的结构变化，实际数据中非标债务占地方有息债

① 50号文件指的是财政部等六部门2017年《关于进一步规范地方政府举债融资行为的通知》（财预〔2017〕50号），"资管新规"指的是2018年3月《关于规范金融机构资产管理业务的指导意见》。
② 王淑杰．改革开放以来人大预算监督工作的变迁和思考［J］．人大研究，2009（1）.

务的比例平均为88%，因此我们认为兼任制度总体上与城投债务具有正向关系。兼任制度对城投债务的影响受地方财政监督强度影响，在防范化解地方债务风险宏观背景下，加强财政监督有利于控制地方债务风险。根据以上分析，提出本书的三个核心研究假说：

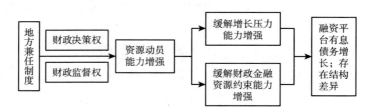

图6-3 兼任制度与城投债务增长的机制关系

研究假说1：兼任制度为地方举债融资提供了制度环境，主要体现为统筹了地方财政决策权和监督权，增强了地方资源组织动员能力，进而导致城投债务规模和结构发生变化，其影响主要体现在非标债务上。

研究假说2：兼任制度通过增长压力和资源约束两方面影响地方举债规模，二者会强化兼任制度对城投债务的影响。

研究假说3：在防范化解地方债务风险背景下，财政监督体制的完善降低了兼任制度对城投债务扩张的正向影响。

6.4 实证策略

6.4.1 计量模型设定

此部分主要对研究假说1、2进行实证检验，参考相关文献（陈宝东，邓晓兰，2017；毛捷等，2019；等等），使用适用于面板数据的固定效应模型估计方法，实证检验兼任制度对地方政府债的影响及具体机制。计量方程具体如下：

$$Debt_{it} = \alpha + \beta \cdot Sjjr_{it} + X'_{it} \cdot \gamma + \mu_i + \upsilon_t + \varepsilon_{it} \quad\quad (6-1)$$

$$Debt_{it} = \alpha + \beta \cdot Sjjr_{it} \times Mechanism_{it} + \beta_1 \cdot Sjjr_{it} + \beta_2 \cdot Mechanism_{it}$$
$$+ X'_{it} \cdot \gamma + \mu_i + \upsilon_t + \varepsilon_{it} \quad\quad (6-2)$$

式（6-1）和式（6-2）分别检验兼任制度对城投债务的影响和机制影响。其中，i 为地区（地级市），t 为时间（年份），α 为常数项，μ_i 为地区固定效应，v_t 为时间固定效应，ε_{it} 为误差项；$Debt$ 为城投债务变量，$Sjjr$ 为兼任制度变量，$Mechanism$ 为影响机制变量，$Sjjr \times Mechanism$ 为兼任制度变量与影响机制变量的交互项；X 为由控制变量组成的向量；β 和 γ 分别为兼任制度和其他控制变量的回归系数。

在式（6-1）中，主要关注系数 β 的符号和显著程度：如果 β 显著为正，表明兼任制度对城投债务具有正向影响，符合前述理论分析结论；如果 β 不显著或显著为负，表明兼任制度对地方政府债务无显著影响或有显著的负向影响，不符合本章的理论预期。类似地，式（6-2）中，主要关注交互项 $Sjjr \times Mechanism$ 的估计系数 β，若 β 显著为正，表明实证结果支持研究假说 2，即增长压力与资源约束两个机制会强化兼任制度对城投债务的影响。

6.4.2　变量设定与数据说明

本章使用的城投债务数据来自近期相关文献（毛捷等，2019）采用的数据，并进行了修正。毛捷等（2019）的地方公共债务数据基于 Wind 数据库进行了口径修正，但上述债务数据未包括省级融资平台的债务数据，本章进行了修正得到口径更为准确的地方公共债务数据。我们也尝试使用毛捷等（2019）的数据，实证结果与本章结论一致，但实证结果显著程度和稳健性有所下降。兼任制度数据通过笔者手动收集整理得到，原始资料来自各地公开的网站（市政府官网、市人大网等）。其他变量来自《中国城市统计年鉴》、国泰安数据库（CSMAR）、EPS 数据平台的中国金融数据库、各省份政府年度工作报告等。受数据可得性限制，本章实证数据为 2006～2018 年地级市的面板数据[①]。具体变量设置如下：

---

① 使用地级市层级的债务数据主要基于以下两方面理由：一方面，有息债务余额数据口径包含城投债余额，能更全面反映地方公共债务总体规模；另一方面，限于数据可得性，目前国内尚未有公开的县级层面分年度债务数据，加上县级政府通过融资平台发行的债务占比有限，发行主体主要为地级市和省政府，因此县级层面的地方政府债务数据较难准确统计，也缺乏代表性。

（1）被解释变量。本章实证分析中被解释变量为城投债务变量，我们使用负债率度量。具体而言，地方政府债务为地级市（含下辖县）层面的融资平台债务数据，主要包括短期借款、应付票据、应付短期债券、长期借款以及应付长期债券。具体地，负债率的计算公式为：（当年债务余额/当年 GDP）×100%。

（2）核心解释变量。发展型政府下的地方政治实践衡量是一项很大的挑战，已有研究中尚没有对此进行研究。本章基于中国制度现实，通过兼任制度（地级市党委书记是否同时兼任市人大常委会主任）这个独特的视角考察地方政府的能动性，主要基于两方面考虑。其一，党委书记和人大常委会主任分别是党委部门与权力部门最重要的领导人，几乎所有的公共决策都离不开二者的决定，这是中国地方政治实践的重要事实。其二，兼任制度对于城投债务是完全外生①的，可以分别从制度起源时间、制度实行与否的决定以及实践主要用途三方面分析：第一，从现有公开文件看，地市层级兼任制度起源最早年份为2003 年，较为普遍实行为 2005 年，而城投债务问题主要集中在 2008 年以后出现，二者出现的时间区间不一致；第二，地级市是否实行兼任制度主要由省委决定，地级市党委书记由省委任命，因此地市党委书记是否兼任人大常委会主任与省委保持一致，地级市兼任与否最终由省委决定，地级市的公共债务水平很难反向影响当地实行兼任制度与否；第三，根据实地调研，地方实行兼任制度的首要用途是保证人事任免上的顺利通过，反向因果产生内生性的可能性极低。具体而言，兼任制度为虚拟变量，若当年本市市委书记同时任职本市人大常委会主任，则取值 1；否则取值 0。

（3）影响机制变量。影响机制变量包括增长压力和资源约束变量。增长压力采用省政府每年政府工作报告中的增长目标，具体包括 GDP 增长目标以及固定资产投资增长目标，之所以使用省级政府提出的增长目标主要有如下考虑：一是省级政府增长目标是本省各地级市增长目标的主要参考标准②，因此

---

① 为了进一步说明兼任制度的外生性，我们进行了实证检验，将地方公共债务负债率设为解释变量，兼任为被解释变量，估计结果表明地方公共债务负债率对兼任的影响不显著，通过实证结果可以进一步认为兼任制度是外生的。

② 比如 2019 年河北省政府工作报告提出当年全省生产总值增长 6.5%、固定资产投资增长 6%，石家庄市、唐山市、秦皇岛市、邯郸市、邢台市以及保定市的全市生产总值增长目标分别为 7%、7.5%、7%、6.5%、7%、7%，固定资产投资增长目标分别为 6%、7%、7%、6%、6.5%、7%，此现象在全国范围内是普遍的（余泳泽等，2019）。

面临的增长压力主要来自省政府；二是避免内生性问题，省级增长目标由省政府基于全省经济社会发展情况综合决定提出，对于各地级市而言是外生的。

资源约束变量分为财政资源约束变量和金融资源约束变量。为了与财政资源约束的经济含义保持相同方向，财政约束变量通过地市财政自主度测量的相反数度量，具体计算公式为：$\dfrac{一般公共预算财政支出 - 一般公共预算财政收入}{GDP} \times$

100%。金融资源约束变量通过金融分权度和人均金融机构存款余额两种方式分别从资金需求端和资金供给端度量，具体地，金融分权度计算公式为：某地级市金融机构贷款余额/该省金融机构贷款余额（参考何德旭、苗文龙，2016），人均金融机构存款余额为某地级市金融机构存款余额的人均值。需要说明的是，上述两个指标经济含义与金融资源约束相反：金融分权度本质上衡量的是某地级市在省内金融贷款资源的占比，数值越大，代表本地相对于本省其他市受到的金融资源约束越小；人均金融机构存款余额反映某市资金供给的状况，数值越大，表示该地金融资源供给相对充裕，其金融资源约束越小。

（4）控制变量。第一，经济发展水平。经济发展水平是影响地方政府债务的重要因素（马海涛等，2011），本书使用人均 GDP 的自然对数度量经济发展水平。第二，城镇化水平。根据现有研究（余晨阳，邓敏捷，2013；巴曙松等，2011），地方融资平台一方面加快了城镇化的推进，同时也扩大了地方政府债务规模，使用市区人口在全市总人口中比重作为城镇化水平的测量指标。第三，金融发展水平。通过融资平台公司发债是地方政府进行债务融资的一个主要方式，当地的金融发展水平必然会直接影响地方政府的债务融资水平。本书使用金融机构贷款余额占 GDP 的比例，衡量金融发展水平（伏润民等，2017）。第四，产业结构。一个地区的产业结构直接与地方政府的财政收入相关（冯采等，2020），是影响地方政府财政收支状况的一个主要因素，因此也会影响地方政府债务。本书使用工业产值占 GDP 的比重来度量。除了上述主要控制变量，我们在稳健性检验中还考虑了地方官员晋升压力、地方官员变动（省委书记和市委书记变动哑变量）、相关财政体制改革（省直管县改革哑变量）。

本章实证分析所用主要变量的描述性统计如表 6-1 所示。

表 6 - 1 主要变量的描述性统计（2006 ~ 2018 年）

变量	指标含义	平均值	标准差	最小值	最大值	样本数
fuzhailv	债务余额/GDP×100%	40.30	42.32	0.00	443.30	3609
sjjr	市委书记是否兼任市人大常委会主任（兼任取值 1，否则取值 0）	0.38	0.49	0.00	1.00	3653
lnpergdp	人均 GDP 对数值	10.36	0.69	7.93	12.28	3616
urban	城镇化水平	0.35	0.23	0.04	1.00	3644
loan	金融发展程度	0.82	0.48	0.08	5.10	3653
sgdp	第二产业占比	0.49	0.10	0.15	0.90	3610
gdpobj	省政府 GDP 增长目标（%）	9.44	1.73	5.50	15.00	3642
deficit	财政自主度	12.97	19.70	-65.94	221.30	3653
finshare	金融分权度	0.08	0.13	0.00	0.87	3653
persaving	人均金融机构存款余额	5.48	6.23	0.34	154.40	3590
ctfzl	城投债负债率	3.93	4.94	0.00	34.48	3609
nonsdfzl	非标债务负债率	36.37	41.80	0.00	443.10	3609
citypmc	省直管县改革（改革当年与之后年份取值 1，否则为 0）	0.71	0.45	0.00	1.00	3471
promopre	晋升压力（市委书记年龄为 55 ~ 58 岁取值 1，否则为 0）	0.32	0.47	0.00	1.00	3511
pcps	省委书记是否更换（变更取值 1，否则为 0）	0.22	0.42	0.00	1.00	3653
ccps	市委书记是否更换（变更取值 1，否则为 0）	0.29	0.46	0.00	1.00	3652
jrtime	兼任的第几年	0.87	1.39	0.00	9.00	3653

资料来源：城投债务数据来自近期相关文献采用的数据，我们进行了修正；兼任制度数据通过笔者手动收集整理得到；其他变量来自《中国城市统计年鉴》、国泰安数据库（CSMAR）、EPS 数据平台的中国金融数据库、各省份省政府年度工作报告等。

6.5 实证结果分析

6.5.1 基准回归结果

表 6 - 2 中报告了基于计量方程式（6 - 1）的实证结果。其中前两列为

OLS 估计结果；第（3）列使用固定效应模型估计；第（4）列引入兼任制度的滞后项。主要参考固定效应模型的估计结果进行分析。表 6 - 2 结果显示，兼任制度与城投债务具有显著正相关关系：相较于非兼任地区，实行兼任制度地区城投债务负债率显著高出 5.1694 个百分点①，相当于全国范围内城投债务整体规模增加约 3 万亿元（27914 亿元）②。上述实证结果验证了研究假说 1，即兼任制度为城投债务增长提供了制度基础，兼任制度是城投债务增长的重要制度推手。考虑到兼任制度的影响存在一定的时滞，在第（4）列中将核心解释变量设为兼任制度的滞后一期，考察估计结果可以发现，兼任制度的影响存在一定的滞后性，但滞后项的估计系数变小了。

表 6 - 2　　　　　　　　　　　　　基准回归实证结果

变量	(1) OLS	(2) OLS	(3) FE	(4) 滞后一期 FE
$sjjr$	7.5874 *** (6.18)	6.5097 *** (5.24)	5.1694 *** (4.43)	—
l_sjjr	—	—	—	4.2639 *** (3.54)
$lnpergdp$	—	− 8.2503 *** (− 8.20)	− 4.3491 (− 1.00)	− 6.2243 (− 1.43)
$urban$	—	− 15.2494 ** (− 2.27)	− 59.9080 *** (− 3.11)	− 54.5785 *** (− 2.85)
$loan$	—	6.0255 *** (3.11)	5.8622 ** (2.41)	6.3631 *** (2.63)
$sgdp$	—	− 43.5072 *** (− 6.34)	− 47.3985 *** (− 4.37)	− 31.3598 *** (− 3.07)
常数项	37.4255 *** (18.19)	144.9114 *** (14.34)	122.4927 *** (2.84)	131.7298 *** (2.97)
N	3609	3538	3537	3258
R^2	0.127	0.0519	0.746	0.764
$F/chi2$	38.23	184.6521	18.2435	13.3176

---

①　被解释变量地方公共债务负债率为百分数形式。

②　以 2006 ~ 2018 年全国 GDP 均值为基础计算得到，即 2006 ~ 2017 年全国 GDP 的平均值乘以 5.17% 得到。

变量	(1) OLS	(2) OLS	(3) FE	(4) 滞后一期 FE
p	0.0000	0.0000	0.0000	0.0000
个体固定效应	否	否	是	是
时间固定效应	否	否	是	是

注：括号内为稳健性标准误差对应的 t 值；*、**、*** 分别代表在 10%、5%、1% 的置信水平上显著。下同。

其他控制变量方面的估计结果如下：城镇化水平在以上估计中均通过显著性检验，且估计系数都为负，其中的原因可能是城镇化水平较高地区其地方财力相对充足，面临的资源约束相对较小，因此政府举债融资的规模偏低；人均 GDP 的影响与城镇化水平类似，但其对城投债务的作用是不稳定的；第二产业占比对城投债务的影响显著为负，这可能与地方财政收入对产业的依赖度有关，第二产业占比高的地区，其税源稳定，因此能提供稳定的财政收入（钟琳，2017）；金融发展水平存在正向影响，这是因为较高的金融发展水平为地方政府通过融资平台举债等提供了更为便利的融资环境，但其影响不稳定，这可能与地区差异性有关。

6.5.2 影响机制：兼任制度提高了两大能力

在理论分析中，本书认为兼任制度强化了地方缓解增长压力的能力，以及缓解资源约束的能力，二者会强化兼任制度对城投债务的影响。此部分对兼任制度影响城投债务的具体机制进行检验，具体通过考察增长压力、资源约束与兼任制度的交互项的估计结果，实证结果如表 6 - 3 所示。

表 6 - 3　　　　　　　　　　　　影响机制回归结果

变量	增长压力	财政约束	金融约束	
	(1)	(2)	(3)	(4)
jr_gdpobj	2.7848 *** (5.55)	—	—	—
jr_deficit	—	0.3957 *** (6.18)	—	—

续表

变量	增长压力	财政约束	金融约束	
	（1）	（2）	（3）	（4）
jr_finshare	—	—	−63.9898 *** （−4.28）	—
sjjr_persaving	—	—	—	−1.3609 *** （−4.74）
sjjr	−21.2070 *** （−4.09）	−0.8077 （−0.60）	8.7627 *** （5.90）	12.3548 *** （6.62）
gdpobj	−1.4260 *** （−3.14）	—	—	—
deficit	—	−0.1751 *** （−5.49）	—	—
finshare	—	—	21.5170 *** （2.77）	—
persaving	—	—	—	1.1938 ** （2.39）
N	3526	3537	3537	3537
R^2	0.749	0.752	0.748	0.756
F	21.0385	19.3466	16.0695	17.8390
p	0.0000	0.0000	0.0000	0.0000
控制变量	是	是	是	是
个体固定效应	是	是	是	是
时间固定效应	是	是	是	是

表 6−3 中第（1）、（2）列分别验证增长压力与财政资源约束的影响机制；第（3）、（4）列分别从金融资源的需求端与供给端验证金融资源约束的机制。考察表 6−3 的结果可以发现：来自上级政府的增长压力与兼任制度的交互项显著为正，说明地方政府通过兼任制度提升了本地区资源组织动员能力，进而通过债务融资以应对上级政府的增长压力能力增强，最终导致城投债务规模扩大；财政约束与兼任制度的交互项显著为正，说明兼任制度对城投债务的正向影响通过财政资源约束放大了；金融资源约束使用的是负向指标，表 6−3 中第（3）、（4）列的金融资源与兼任制度的交互项为负，其经济含义为，地方

面临的金融资源约束越松，则兼任制度对城投债务的影响越小，这从反面验证了兼任制度通过强化对地方金融资源的组织动员能力，进而促进了城投债务的增长。表6-3的实证结果验证了研究假说2。以上增长压力的结论也对图6-1中兼任制度在经济发展程度差异地区的差异作出了部分解释，经济发展相对缓慢的地区，面临的增长压力更大，更有可能通过兼任制度灵活地统筹地方财政权力，以集中资金促进地方发展。

6.5.3 异质性分析：城投债和非标债务

改革开放以来，发展型地方政府在促进地方经济发展的大目标下，创新地使用不同形式的非正式财政为地方发展融资。前文分析了兼任制度对城投债和非标债务的影响存在差异，此部分进行实证检验，具体的实证结果如表6-4所示。

表6-4　　　　异质性分析和财政监督的实证结果

变量	被解释变量：城投债负债率	被解释变量：非标债务负债率	被解释变量：城投债负债率	被解释变量：非标债务负债率
	(1)	(2)	(3)	(4)
$sjjr$	-0.1005 (-0.56)	5.2699 *** (4.71)	11.3901 *** (8.54)	11.1686 *** (8.69)
$sjjr\_y2014$	—	—	-19.4686 *** (-8.56)	-18.4610 *** (-8.48)
N	3537	3537	3537	3537
R^2	0.744	0.761	0.755	0.769
F	9.5979	19.7669	30.5611	31.6585
p	0.0000	0.0000	0.0000	0.0000
其他控制变量	是	是	是	是
个体固定效应	是	是	是	是
时间固定效应	是	是	是	是

地方融资平台的有息债务，既包括城投债又包括融资平台非标债务，其中城投债主要形式有企业债、中期票据、定向工具和短期融资券等；非标债务指

的是通过银行、信托和租赁等形式的债务融资。由城投债和非标债务的主要形式可以很容易发现，城投债的市场化操作程度很高，对融资主体的信用资质要求较高，且发行过程受《公司法》《证券法》《企业债券管理条例》《国家发展改革委办公厅关于进一步规范地方政府投融资平台公司发行债券行为有关问题的通知》等法律法规的约束，发行条件相对严苛；而非标债务主要通过银行、信托以及租赁等形式开展，过程相对不透明，且对地方政府信用依赖性较强。对地方政府而言，通过政府信用为非标债务提供支持的需求更高，同时干预非标债务的难度明显低于城投债，因此，兼任制度对这两种不同债务类型的影响具有差异性。

表6-4的第（1）、（2）列的被解释变量分别为城投债负债率和非标债务负债率。结果显示，兼任制度只对非标债务负债率有显著影响，估计系数较基准回归中偏大，而对城投债负债率的影响不显著。这一结果与现实也是相符的，兼任制度提高了地方政府组织动员地方综合资源能力，为地方债务融资提供了便利。

以上实证结果传递出一个信号，地方政府债务融资具有策略性。在中央政策强调防范、化解城投债务风险的背景下，地方政府利用自身信息优势，通过差异化的债务融资策略以同时满足中央政策和自身发展要求。但需要注意的是，非标债务通过银行、信托或租赁等市场主体，与地方政府一起形成一个复杂的"政府—市场"关系网络结构，由此带来的问题更为复杂多样。城投债务是城投债和非标债务的综合体，因此，实践中既需要关注城投债问题，同时也需要更关注非标债务带来的债务风险。

6.5.4 财政监督的作用

2014年新《预算法》是财政监督的一个重要节点，给财政监督提供了法律保障，同时也推动了各部门对地方债务风险的管控，财政监督强度得到提升。为了保证样本可比性，将兼任制度与2014年虚拟变量的交互项（sjjr_y 2014）加入模型中，并分别对城投债务和非标债务进行了检验，具体估计结果见表6-4第（3）、（4）列。

实证结果显示，无论被解释变量是城投债务负债率还是非标债务负债率，兼任制度与年份虚拟变量的交互项估计结果显著为负，且估计系数远远大于兼任制度的估计系数，说明 2014 年以后兼任制度对城投债务的正向刺激作用明显减弱，与研究假说 3 相符。以上结果表明，新《预算法》实施以来，财政监督对地方债务风险的控制显现了初步效果，对地方公共债务进行监督是控制其风险的有力工具。

6.5.5 稳健性检验

基准回归未考虑城市级别、相关财税改革和地方政府主要领导的晋升或变动等因素的影响，这些因素可能会干扰基准实证结论，需要进一步检验。在考虑上述因素后，重新估计兼任制度对城投债务的影响，具体结果如表 6 - 5 所示。

表 6 - 5 稳健性检验的实证结果

变量	剔除省会、副省级城市	考虑省直管县改革	考虑晋升压力	考虑省委书记变动	考虑市委书记变动	同时考虑省委书记、市委书记变动
	（1）	（2）	（3）	（4）	（5）	（6）
sjjr	5.5532*** (4.57)	5.9425*** (4.89)	5.2403*** (4.40)	5.1358*** (4.41)	5.0479*** (4.38)	5.0208*** (4.36)
citypmc	—	-2.6179 (-1.13)	—	—	—	—
promopre	—	—	0.6302 (0.84)	—	—	—
pcps	—	—	—	0.8512 (1.18)	—	0.8199 (1.13)
ccps	—	—	—	—	-0.6768 (-0.80)	-0.6472 (-0.76)
N	3170	3378	3398	3537	3536	3536
R^2	0.757	0.746	0.778	0.746	0.746	0.746

续表

变量	剔除省会、副省级城市	考虑省直管县改革	考虑晋升压力	考虑省委书记变动	考虑市委书记变动	同时考虑省委书记、市委书记变动
	（1）	（2）	（3）	（4）	（5）	（6）
F	17.5787	15.1640	16.5712	15.2341	15.1851	13.0426
p	0.0000	0.0000	0.0000	0.0000	0.0000	0.0000
控制变量	是	是	是	是	是	是
个体固定效应	是	是	是	是	是	是
时间固定效应	是	是	是	是	是	是

（1）剔除省会、副省级城市。相较于其他城市而言，省会、副省级城市在政治、经济资源等方面的地位相对更为显要，二者的特殊性可能会影响本书基准结论。为此，在实证中剔除了省会、副省级城市，新样本的实证结果见表6-5第（1）列。可以发现，在剔除省会、副省级城市后本章的基准结果不变，兼任制度显著促进了城投债务的增长。这说明，兼任制度对城投债务的影响是全国性的。

（2）考虑财政体制改革。近年来，财政体制方面一项重要改革是省直管县改革。省直管县改革赋予县级政府更高的财政自主权（财政收入分成比例和支出责任等），因此有可能改变地方政府的整体债务水平。为此，在表6-5第（2）列控制变量中加入省直管县改革的虚拟变量（citypmc）。实证结果显示，省直管县改革并没有显著改变城投债务水平，同时兼任制度的估计结果基本保持一致。以上结果表明，财政体制相关改革不改变基准回归结果。

（3）考虑地方官员晋升压力。已有研究（钟宁桦，2018）认为，受晋升压力影响，市委书记处于特定年龄段（55~58岁）的地级市更倾向于发行城投债并扩大城投债规模。借鉴已有研究，本书设置了地方官员晋升压力变量，市委书记年龄在55~58岁则取值1，否则取值0。进一步，在表6-5第（3）列变量中考虑地级市市委书记晋升压力变量（promopre）。考察表6-5的估计结果发现，地方官员晋升压力变量对城投债务负债率的影响为正，但没有通过显著性检验，这表明在样本区间，地方官员晋升压力对城投债务负债率无明显影响。同时，兼任制度的估计系数与基准回归的结果基本一致，这表明，地方官员晋升压力不影响基准结论。

（4）考虑官员变动。现行政治体制下，党委书记在各级政府的决策中发挥着重要影响。若党委书记（省委和市委）发生了变动，一方面可能会影响地级市是否实行兼任制度，同时也可能会影响省级政府与地市政府之间的互动情况；另一方面，城投债务偿还期限与党委书记的任职期不完全匹配（缪小林，伏润民，2015；郭玉清等，2017），党委书记变动也可能会影响城投债务水平。因此，党委书记的周期性变动可能会影响基准结论。鉴于此，在表6-5第（4）、（5）列的控制变量中分别加入省委书记（pcps）、市委书记（ccps）是否变动的哑变量（当年发生变动取值1，不变取值0），在第（6）列中同时加入省委书记、市委书记变动的哑变量，进一步进行稳健性检验。

实证结果显示，不论是省委书记变动还是市委书记变动，二者对城投债务的影响不显著。同时考虑省委书记、市委书记变动，二者均没有通过显著性检验。不论分别还是同时考虑省、市党委书记变动情况，兼任制度对城投债务的促进作用均保持不变。以上结果表明，考虑省、市级层面党委书记变动后，本章的基准结论保持不变。

（5）安慰剂检验。上文理论分析和实证结果均表明兼任制度与城投债务具有正向关系，此处我们进一步通过安慰剂检验以说明我们基准结论的稳健性。根据切蒂等（Chetty et al.，2009）以及马斯特布尼和皮诺蒂（Mastrobuoni and Pinotti，2015）的做法，具体地，首先记录每年所有地级市中实行兼任制度的数量，其次通过Stata对所有地级市是否实施兼任制度进行随机赋值，每年实施兼任制度的地级市数量保持不变，此过程由程序自动完成，最终可得到一个虚构的兼任制度变量（false_sjjr），利用随机生成的兼任制度变量替代实际的兼任制度变量进行回归，并将估计结果保存。为保证安慰剂检验的有效性，将上述过程重复500次。我们预期，真实的兼任制度对城投债务负债率具有显著的正向刺激作用，而安慰剂检验中虚构的兼任制度变量对城投债务负债率没有显著影响，若真实兼任制度的估计系数位于虚构变量估计系数分布图的上尾（upper tail），则拒绝真实兼任制度无影响的假设，即认为真实兼任制度对城投债务负债率有显著影响。上述500次回归中虚构的兼任制度变量估计结果分布图如图6-4所示。

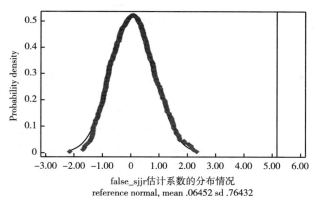

false_sjjr估计系数的分布情况
reference normal, mean .06452 sd .76432

图6-4 安慰剂检验结果

图6-4中的右侧线为基准回归中兼任的估计系数（5.1694）；左侧是虚构的兼任制度变量估计结果的分布（以0为中心，基本均匀分布在-2~2）。从图6-4可以清晰看到，真实兼任制度变量的估计系数位于虚构变量估计系数分布图之外，拒绝原假设。即相对于虚构的兼任制度的影响，真实兼任制度对城投债务负债率具有明显的刺激作用。以上结果排除了兼任制度与城投债务负债率二者关系的随机性，进一步说明本章基准结论十分稳健。

6.5.6 延伸性讨论

（1）兼任深度的影响。基准回归中可以看到兼任制度的滞后项也对城投债务产生影响，此部分进一步通过事件分析法（event study）以考察兼任制度对城投债务的动态影响，即兼任深度的影响。具体地，通过估计兼任制度与兼任第 n 年虚拟变量的交互项的影响，通过对比不同年份的估计系数大小可以直观地观察兼任制度对城投债务的动态影响。将实证估计的系数通过图6-5展示。

通过图6-5可以直观看到，兼任制度对城投债务的影响是递减的，兼任的第三年开始效果不显著。这种动态影响可能与地方官员行为的多期博弈有关，地方官员通过多期博弈以实现长期的举债融资。以上的结果也说明在城投债务风险的防范和化解实践中，需要结合地方官员的任期，长期追责可能是一个可行的办法。

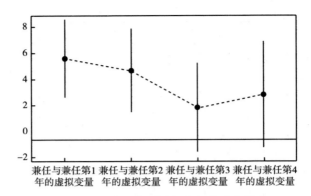

图 6-5　兼任制度对城投债务的动态影响

（2）非正式财政对发展型政府的作用。改革开放以来，发展型政府围绕着经济发展的目标，通过预算外收入、地方隐性债务等不同形式的非正式财政为地方发展融资。非正式财政是否促进了地方发展有待验证，为此，我们通过固定效应进行检验。具体地，我们验证城投债务对地方经济发展的影响，参考胡翠和许召元（2011）以及陈诗一和汪莉（2016）的做法，地方经济发展指标采用实际 GDP 增长率（*rgdpgrowth*）、人均实际 GDP 增长率（*perrgdpgrow*）衡量。控制变量有人均实际 GDP 的对数值（以 2006 年为基期，记为 *lnperrealgdp*）、经济开放度（进出口总额与 GDP 的比值，记为 *open*）、产业结构（第二产业总产值在 GDP 中的占比，记为 *sgdp*）、外商直接投资水平（外商直接投资额与 GDP 的比值，记为 *fdir*）、赤字率（财政支出、财政收入之差与 GDP 的比值，记为 *deficit*）以及人力资本投资（平均每千人口高等学校在校生人数的对数，记为 *edu*）。具体实证结果如表 6-6 所示。

表 6-6　　　　　　　　城投债务与地方经济发展的实证结果

变量	不考虑内生性		变量	考虑内生性	
	（1）实际 GDP 增长率	（2）人均实际 GDP 增长率		（3）实际 GDP 增长率	（4）人均实际 GDP 增长率
fuzhailv	0.0069 ** (2.20)	0.0105 *** (2.91)	*l_fuzhailv*	0.0413 *** (10.18)	0.0384 *** (13.74)
lnperrealgdp	1.6981 ** (2.00)	16.5830 *** (4.42)	*l_lnperrealgdp*	0.0121 *** (3.06)	0.0084 *** (3.25)

续表

变量	不考虑内生性		变量	考虑内生性	
	(1) 实际GDP增长率	(2) 人均实际GDP增长率		(3) 实际GDP增长率	(4) 人均实际GDP增长率
open	-0.0108 *** (-2.75)	-0.0133 ** (-2.19)	l_open	-17.8156 *** (-6.63)	-9.9792 *** (-9.30)
sgdp	6.9965 *** (6.65)	1.8892 (0.99)	l_sgdp	0.0110 (1.37)	-0.0019 (-0.41)
fdir	0.3240 *** (6.68)	0.4275 *** (6.31)	l_fdir	4.1192 ** (2.20)	1.4312 (1.55)
deficit	0.0081 ** (2.16)	0.0191 *** (2.92)	l_deficit	0.3735 *** (4.80)	0.1931 *** (3.59)
edu	-0.0038 ** (-2.10)	-0.0048 ** (-2.30)	l_edu	0.0157 ** (2.54)	0.0118 *** (2.93)
常数项	-703.8683 *** (-9.91)	-652.6011 *** (-6.33)	常数项	-1.02e+03 *** (-8.97)	-1.01e+03 *** (-12.70)
N	3009	3009	N	2758	2758
R^2	0.690	0.489	R^2	0.489	0.709
F	24.5102	15.0383	F	15.4927	29.8964
p	0.0000	0.0000	p	0.0000	0.0000
个体固定效应	是	是	个体固定效应	是	是
时间固定效应	是	是	时间固定效应	是	是

　　表6-6的第（1）、（2）列不考虑经济增长与城投债务互为因果的内生性，被解释变量分别为实际GDP增长率和人均实际GDP增长率；第（3）、（4）列分别为考虑内生性①时城投债务对经济增长的影响。表6-6结果显示，城投债务的估计系数显著为正，城投债务显著促进地方经济发展，验证了非正式财政对发展型政府的作用。这也说明，我们需要用历史眼光看待城投债务问题，客观上过大规模的城投债务确实可能带来财政、金融风险，但是作为地方发展中的非正式财政，为地方发展提供了资金支持，对地方发展起着重要作用。

----

　　① 解决内生性的办法参考陆铭、陈钊（2009）的做法，将所有解释变量均滞后一期，以切断被解释变量对解释变量的反向影响。

6.6 本章结论

政治权力配置与经济表现之间联系是文献中非常重要，但又较难把握的问题，本章观察到地方党委书记兼任人大主任涉及财政决策权和监督权的配置，而地方公共债务与这两大权力配置密切相关，本章基于中国地方兼任制度这一重要制度事实，在发展型政府框架下讨论兼任制度对地方融资平台有息债务的影响，并进一步寻找背后影响机制，它丰富了关于地方公共债务增长原因的制度研究，也提供了观察地方政治与经济联系的一个窗口。

本章主要结论如下：第一，兼任制度为地方举债融资提供了制度环境，主要体现为统筹了地方财政决策权和监督权，增强了地方资源组织动员能力，进而导致城投债务规模和结构发生变化，其影响主要体现在非标债务上；第二，兼任制度通过资源组织动员能力，增强了缓解增长压力的能力，以及缓解地方财政和金融资源约束的能力，进而刺激了城投债务的增长；第三，随着新《预算法》的出台，财政监督体系逐步完善，它降低了兼任制度对城投债务的正向影响，有利于地方债务风险控制；第四，兼任制度通过组织动员能力形成的地方公共债务有利于宏观经济增长。

第 7 章

总结和政策建议

7.1 总　　结

中国地方政府债务融资激励成为诠释"中国奇迹"不可或缺的理论内容，地方政府围绕着国家经济社会发展大战略，通过举债融资突破了高速增长阶段的预算资金制约，为经济社会发展提供了发展建设资金支持，但与此同时也累积了地方公共债务风险。党的十九大报告提出，我国经济已由高速增长阶段转向高质量发展阶段，特别要坚决打好防范化解重大风险、精准脱贫、污染防治的三大攻坚战。同时，党的十九届五中全会提出，要完善宏观经济治理，建立现代财税金融体制，建设高标准市场体系，加快转变政府职能。当前，我国经济已转向高质量发展阶段，防范化解涵括地方公共债务风险在内的系统性金融风险是打好防范化解重大风险攻坚战的重要内容，是建立现代财税金融体制的内在要求，也是国家治理体系和治理能力现代化过程中必须要解决的问题。本书在梳理我国地方公共债务制度变迁的基础上，从财政金融分权、行政区划调整以及财政权力配置的多样化角度，分析地方公共债务扩张的经济、社会和政治制度基础，探索地方公共债务治理的制度之解。

研究内容上，本书在梳理相关文献和我国地方公共债务制度变迁基础上，结合地方融资平台的现实数据和实际案例，对融资平台概况和债务情况进行整体介绍。然后分别讨论了税收分成、金融分权，行政区划制度变更，以及财政权力配置制度对地方公共债务的影响，实证上使用 2006～2018 年地级市的债务数据对上述制度分别进行检验。本书主要发现如下：

第一，地方政府债务出现的直接客观原因是财政资金不足，服务于经济社会发展，主要是经济发展。总结我国地方公共债务制度变迁过程发现，不论是新中国成立初期的地方公债，还是改革开放以来的政府债务，地方政府举债融资的直接原因都是地方财政资金不足。从地方政府债务用途来看，我国地方政府债务在任何阶段都服务于经济社会发展，主要表现为经济发展，也包含了环境保护、保障房建设等民生发展，除此之外也成为解释"中国经济增长之谜"的重要理论。

第二，地方政府债务管控由以市场约束为主转为以法律约束为主。2014年以前，旧《预算法》规定地方政府没有举债权，地方政府债务的管控主要依靠市场，或通过中央发行相关条例、通知等政策文件，始终没有直接的法律依据，2014年新《预算法》实施以后，我国地方政府债务的管控以此为法律基础，地方政府债务治理进入了新的发展阶段。

第三，弱金融约束下，税收分成刺激地方公共债务增长，背后的机制是，税收分成比例的提高增强了地方政府扩大债务规模的能力和动机，而隐性金融分权导致地方政府的融资约束变弱，使得扩大债务规模的动机更易实现。结合理论和实证两方面的研究结果，税收分成对地方公共债务依存度和负债率均有正向刺激作用，金融分权进一步增强税收分成对地方公共债务增长的正向影响。考虑异常值问题和相关财政体制改革或变换计量方法等，上述正向刺激作用仍存在。

第四，税收分成与地方公共债务规模之间的关系受其他经济社会变量（宏观税率和增长效果等）影响。根据理论分析和实证结果，本书发现，宏观税率不会改变税收分成对地方公共债务依存度、负债率的正向刺激效应，但会使上述正向刺激效应呈现倒U形态；增长效果越好，税收分成对地方公共债务依存度和负债率的正向刺激效应越强。

第五，兼任制度为地方举债融资提供了制度环境，主要体现为统筹了地方财政决策权和监督权，增强了地方资源组织动员能力，进而导致城投债务规模和结构发生变化，其影响主要体现在非标债务上。

第六，兼任制度通过资源组织动员能力，增强了缓解增长压力的能力，以及缓解地方财政和金融资源约束的能力，进而刺激了城投债务的增长。兼任制度对城投债务的正向影响在剔除特殊城市、考虑财政体制改革、考虑地方官员变动等因素仍然存在，基准结论具有稳健性。

第七，撤县设区改革对地级市融资平台债务规模有显著正向刺激作用，撤县设区后，地级市融资平台的城投债发行额和有息债务余额均有显著增长。撤县设区改革对融资平台债务规模的作用机制包括财政收入效应、土地金融效应、经济增长目标调整效应以及居民公共服务需求，财政收入效应和土地金融效应通过改善金融市场环境、注入土地资产增强了融资平台的融资能力，经济增长目标调整效应和居民公共服务需求增加融资需求，进而促进债务规模扩张。

第八，撤县设区改革对地级市融资平台债务规模的影响存在异质性。异质性分析发现，撤县设区改革对融资平台债务的影响主要用于棚改、保障房建设以及偿还债务，且对非标债务的影响远大于标准的城投债。

7.2　政策建议

我国进入全面高质量发展阶段以来，经济增长速度放缓，国际环境恶化，国际贸易摩擦加剧，加上 2019 年底爆发的新冠疫情冲击，地方政府收入端缩紧，同时支出端扩大，财政形势不容乐观。进入新发展阶段，财税体制改革在党和国家事业发展全局中的战略定位至关重要，"十四五"规划将统筹发展和安全纳入"十四五"时期我国经济社会发展的指导思想，这也是我国未来财税体制发展的方向。

地方公共债务增长的原因是多方面的。本书的核心工作是找到中国地方公共债务扩张的制度基础，并讨论不同制度背后的影响机制，最后从制度源头求索有效治理地方公共债务的办法。2014 年以来，我国中央层面不断推出地方公共债务治理的办法，近几年的中央经济工作会议和全国政府工作报告也不断强调防范化解地方公共债务风险，牢牢守住不发生系统性金融风险的底线。我国地方公共债务风险主要集中在隐性债务方面，最大的风险莫过于债务规模过大和债务的不透明、不公开，由于债务市场与政府财政和金融市场紧密相连，可能诱发财政金融风险。与隐性债务相比，我国显性的地方政府债务每年在全国人大限额范围内，且"借、用、管、还"全面公开透明，纳入政府预算管理，其风险相对可控。就本书的研究来看，要做到防范化解地方公共债务风险，有效治理地方公共债务，应该做好以下几方面的工作。

第一，加快建立中央和地方新型财政关系。本书的主要发现是财政分权（税收分成）是影响地方公共债务增长的重要因素，而要改进和完善财政分权体制，根源在中央和地方的财政关系。党的十九大报告中提出，加快建立现代财政制度，建立权责清晰、财力协调、区域均衡的中央和地方财政关系。这要求明确中央政府和各级地方政府的事权和支出责任，根据支出责任测算相应的执行成本，进而依据执行成本来分配财力，以确保各级政府财力与事权相匹配，明确地方政府对其债务负有的偿还、担保和救助责任等。以《国务院关于推进中央与地方财政事权和支出责任划分改革的指导意见》为基础，近年来我国在外交、基本公共服务和医疗卫生等领域逐步开展中央与地方财政事权和支出责任划分改革，各地政府积极响应。未来，应加快推进其他领域财政事权和支出责任划分改革，以全面改善和优化中央与地方财政关系，从体制上对地方政府举债冲动形成有效约束，进而从源头上遏制地方公共债务持续增长。

第二，建立适合新时代要求的地方政府投融资体制。本书研究发现在较弱的融资约束下，税收分成比例提高促使地方公共债务增长，上述结论反映出地方官员"重发行、轻绩效"的投融资理念，认为债务一旦顺利发行，就会自动转化成优质资产，对债务资金使用绩效不佳所产生的各类风险认识不足。在这种理念下，一旦融资能力提升（税收分成增加），融资约束又弱，会极大地刺激地方政府扩大举债。为此，需要尽快建立更为科学的地方政府投融资体制，纠正上述错误理念，包括针对不同类型（经营性、准经营性或非经营性）的投资项目采取差异化融资模式，积极强化项目储备制度、专家咨询制度、项目公示制度、绩效评价制度和责任追究制度等制度建设，加强对地方公共债务融资的期限、成本、偿债资金来源和效益等方面的审核、评估和监测。

第三，明确各级监管主体，建立地方公共债务管理的长效协同机制。本书研究发现财政金融制度共同影响地方公共债务规模，因此，为有效管控地方公共债务规模，须多方协调、共同努力，实行穿透式监管。其中，财政部门应加强预算管理等工作，金融监管部门应有效制止金融机构违法违规提供融资等，从财政和金融两个方面共同增强地方政府融资约束。

第四，立足新发展阶段，完整、准确、全面贯彻新发展理念，加快构建新发展格局，形成新的发展动力。中国公共债务扩张一直以地方发展激励为背景，地方政府为了促进地方经济发展，大量借助于正规和非正规债务资金用于经济发展。要实现有效管控地方公共债务规模、防范化解债务风险的治理目标，首先根源上要从发展型政府着手。中国经历了几十年的高速增长，当前阶段的主要任务是实现高质量全面发展，需要立足新发展阶段，完整、准确、全面贯彻新发展理念，加快构建以国内大循环为主体，国内国际双循环相互促进的新发展格局。地方政府要着力实施创新驱动发展战略，不过度依赖过去要素驱动、投资驱动型增长，提高地方公共债务资金使用效率，从根源上减少对举债投资促发展的依赖。

第五，增强财政规范性，通过法律形式保证地方人大的财政监督权，加强人大队伍专业性建设，以充分发挥地方人大在公共债务中的重要作用。从制度上发挥我国政治制度的优势，既要坚持党的全面领导，又要充分发挥地方人大在地方公共债务中的监督作用，通过加强党的领导以促进部门之间的沟通和协调，减少信息不对称，保证人大的监督作用在现实中发挥实效。长期以来，地方人大的财政监督作用被分割，通过《预算法》等法律形式可以确保地方人大权力的落实，因此未来需要根据实际发展情况更新法律制度，从法律高度确保财政规范性。除了制度保障外，由于财政监督和管理建立在一定的专业基础之上，地方人大需要加强自身队伍专业性建设，健全人大组织机构设置，以有力保障人大财政监督权的实现。现阶段要增强财政规范性，当务之急是加强对地方非标债务的管控，提高非标债务的规范化程度，提防由非标业务带来的系统性风险。

第六，建立和完善动态债务管理制度，紧盯现实中出现的各种债务融资工具，同时坚持动态跟踪管理，提升工作质效。纵观中国地方公共债务的演变，历史舞台上出现了地方建设公债、"代发代还"债券、一般债、专项债、明股实债以及城投债、非标债务等形式各异的举债形式，未来随着技术和经济社会的发展，新形式的债务融资工具可能会随时出现，因此需要有动态管理制度，以便及时区分和监管形式各异的债务工具，从初端处进行管理和监督。另外，需要强化债务风险预警机制，加强隐性债务统计、监测和管理，实行月报制，坚决遏制隐性债务增量；对于政府债券，加强信息动态管理，按月通报、动态监管债券资金使用进度，确保债券资金的支出质效。

第七，有序推进行政区划调整，防止其成为债务融资的工具。以行政区划调整推动城市化发展需要全面协调各方面要素，形成良性循环，需要因地制宜，推行改革之前需要对当地发展条件以及可能产生的经济社会影响进行全面评估，谨防将行政区划调整政策用于城市竞争的工具。行政区划调整过程中，需要统筹做好规划、建设和管理，提高新型城镇化质量和水平，增强城市综合承载和资源优化配置能力，发挥中心城市和城市群带动作用，建设现代化都市圈。

参考文献

[1] 巴曙松, 刘孝红, 牛播坤. 转型时期中国金融体系中的地方治理与银行改革的互动研究 [J]. 金融研究, 2005 (05): 25-37.

[2] 巴曙松, 王劲松, 李琦. 从城镇化角度考察地方债务与融资模式 [J]. 中国金融, 2011 (19): 20-22.

[3] 才国伟, 黄亮雄. 政府层级改革的影响因素及其经济绩效研究 [J]. 管理世界, 2010 (08): 73-83.

[4] 才国伟, 张学志, 邓卫广. "省直管县" 改革会损害地级市的利益吗? [J]. 经济研究, 2011, 46 (07): 65-77.

[5] 曹光宇, 刘晨冉, 周黎安等. 财政压力与地方政府融资平台的兴起 [J]. 金融研究, 2020 (05): 59-76.

[6] 曹婧, 毛捷, 薛熠. 城投债为何持续增长: 基于新口径的实证分析 [J]. 财贸经济, 2019, 40 (05): 5-22.

[7] 曹信邦, 裴育, 欧阳华生. 经济发达地区基层地方政府债务问题实证分析 [J]. 财贸经济, 2005 (10): 46-50.

[8] 常晨, 陆铭. 新城之殇——密度、距离与债务 [J]. 经济学 (季刊), 2017, 16 (04): 1621-1642.

[9] 陈宝东, 邓晓兰. 财政分权、金融分权与地方政府债务增长 [J]. 财政研究, 2017 (05): 38-53.

[10] 陈菁, 李建发. 财政分权、晋升激励与地方政府债务融资行为——基于城投债视角的省级面板经验证据 [J]. 会计研究, 2015 (01): 61-67.

[11] 陈科霖. 中国撤县设区 40 年: 回顾与思考 [J]. 地方治理研究, 2019 (01): 2-19.

［12］陈诗一，汪莉．中国地方债务与区域经济增长［J］．学术月刊，2016，48（06）：37－52．

［13］陈硕，高琳．央地关系：财政分权度量及作用机制再评估［J］．管理世界，2012（06）：43－59．

［14］陈思霞，卢盛峰．分权增加了民生性财政支出吗？——来自中国"省直管县"的自然实验［J］．经济学（季刊），2014，13（04）：1261－1282．

［15］陈小亮，谭涵予，刘哲希．转移支付对地方政府债务影响的再检验［J］．财经问题研究，2020（10）：64－73．

［16］陈妤凡，王开泳．撤县（市）设区对城市公共服务配置和空间布局的影响与作用机理［J］．经济地理，2019，39（05）：76－86．

［17］陈雨露，郭庆旺．新中国财政金融制度变迁事件解读［M］．北京：中国人民大学出版社，2013．

［18］陈志勇，陈思霞．制度环境、地方政府投资冲动与财政预算软约束［J］．经济研究，2014，49（03）：76－87．

［19］程宇丹，龚六堂．财政分权下的政府债务与经济增长［J］．世界经济，2015，38（11）：3－28．

［20］邓晓兰，刘若鸿，许晏君．"为增长而竞争"与"为和谐而竞争"对地方债务规模的影响效应——基于投资冲动的中介机制［J］．经济社会体制比较，2019（04）：55－67．

［21］刁伟涛，任占尚，朱军．顶层设计、公众参与和地方政府债务信息公开［J］．上海财经大学学报，2020，22（02）：20－34．

［22］杜彤伟，张屹山，杨成荣．财政纵向失衡、转移支付与地方财政可持续性［J］．财贸经济，2019，40（11）：5－19．

［23］段龙龙，王林梅．撤县设区改革有助于改善地方公共服务供给质量吗？［J］．公共管理评论，2019（02）：44－64．

［24］范子英，赵仁杰．财政职权、征税努力与企业税负［J］．经济研究，2020，55（04）：101－117．

［25］方明月．官员特征与地方政府债务治理——基于中国省级层面的数

据 [J]. 教学与研究, 2015 (07): 32 – 41.

[26] 冯采, 魏冬, 陈玉宇. 分地区产业结构对财政自给能力的影响——基于面板数据模型的分析 [J]. 经济科学, 2020 (01): 33 – 45.

[27] 伏润民, 缪小林, 高跃光. 地方政府债务风险对金融系统的空间外溢效应 [J]. 财贸经济, 2017, 38 (09): 31 – 47.

[28] 伏润民, 缪小林. 地方政府债务权责时空分离: 理论与现实——兼论防范我国地方政府债务风险的瓶颈与出路 [J]. 经济学动态, 2014 (12): 72 – 78.

[29] 付传明. 中国地方公债发展研究 [M]. 武汉: 武汉大学出版社, 2016.

[30] 傅晓霞, 吴利学. 技术差距、创新路径与经济赶超——基于后发国家的内生技术进步模型 [J]. 经济研究, 2013, 48 (06): 19 – 32.

[31] 傅勇, 李良松. 金融分权的逻辑: 地方干预与中央集中的视角 [J]. 上海金融, 2015 (10): 47 – 53.

[32] 傅勇, 李良松. 金融分权影响经济增长和通胀吗——对中国式分权的一个补充讨论 [J]. 财贸经济, 2017, 38 (03): 5 – 20.

[33] 傅勇. 财政 – 金融关联与地方债务缩胀: 基于金融调控的视角 [J]. 金融评论, 2012, 4 (04): 18 – 29.

[34] 高培勇. 中国财税改革 40 年: 基本轨迹、基本经验和基本规律 [J]. 经济研究, 2018, 53 (03): 4 – 20.

[35] 高秋明, 杜创. 财政省直管县体制与基本公共服务均等化——以居民医保整合为例 [J]. 经济学 (季刊), 2019, 18 (04): 1351 – 1372.

[36] 龚强, 王俊, 贾坤. 财政分权视角下的地方政府债务研究: 一个综述 [J]. 经济研究, 2011, 46 (07): 144 – 156.

[37] 郭琳, 樊丽明. 地方政府债务风险分析 [J]. 财政研究, 2001 (05): 64 – 68.

[38] 郭敏, 段艺璇, 黄亦炫. 国企政策功能与我国地方政府隐性债: 形成机制、度量与经济影响 [J]. 管理世界, 2020, 36 (12): 36 – 54.

[39] 郭玉清, 何杨, 李龙. 救助预期、公共池激励与地方政府举债融资

的大国治理 [J]. 经济研究, 2016, 51 (03): 81-95.

[40] 郭玉清, 毛捷. 新中国70年地方政府债务治理: 回顾与展望 [J]. 财贸经济, 2019, 40 (09): 51-64.

[41] 郭玉清, 薛琪琪, 姜磊. 地方政府债务治理的演进逻辑与转型路径——兼论中国地方政府债务融资之谜 [J]. 经济社会体制比较, 2020 (01): 34-43.

[42] 何德旭, 苗文龙. 财政分权是否影响金融分权——基于省际分权数据空间效应的比较分析 [J]. 经济研究, 2016, 51 (02): 42-55.

[43] 何俊志, 罗彬. 中国省级人大常委会主任任职模式研究 (1979—2017) [J]. 中共中央党校 (国家行政学院) 学报, 2019, 23 (01): 59-68.

[44] 何增科. 中国政治监督40年来的变迁、成绩与问题 [J]. 中国人民大学学报, 2018, 32 (04): 32-42.

[45] 洪开开. 党的十八大以来人大监督工作的理论、实践与思考 [J]. 人大研究, 2019 (02): 4-12.

[46] 洪洋. 县级财政困难成因及对策: 一个文献综述 [J]. 地方财政研究, 2019 (04): 78-83.

[47] 洪源, 张玉灶, 王群群. 财政压力、转移支付与地方政府债务风险——基于央地财政关系的视角 [J]. 中国软科学, 2018 (09): 173-184.

[48] 洪正, 胡勇锋. 中国式金融分权 [J]. 经济学 (季刊), 2017, 16 (02): 545-576.

[49] 侯世英, 宋良荣. 数字金融对地方政府债务融资的影响 [J]. 财政研究, 2020 (09): 52-64.

[50] 胡翠, 许召元. 对外负债与经济增长 [J]. 经济研究, 2011, 46 (02): 19-30.

[51] 黄春元, 毛捷. 财政状况与地方债务规模——基于转移支付视角的新发现 [J]. 财贸经济, 2015 (06): 18-31.

[52] 吉黎, 邹埴埸. 撤县设区后地方财力增强了吗? [J]. 财政研究, 2019 (12): 61-74.

[53] 冀云阳, 付文林, 束磊. 地区竞争、支出责任下移与地方政府债务

扩张 [J]. 金融研究, 2019 (01): 128 - 147.

[54] 冀云阳, 付文林, 杨寓涵. 土地融资、城市化失衡与地方债务风险 [J]. 统计研究, 2019, 36 (07): 91 - 103.

[55] 贾俊雪, 郭庆旺, 宁静. 财政分权、政府治理结构与县级财政解困 [J]. 管理世界, 2011 (01): 30 - 39.

[56] 贾俊雪, 张晓颖, 宁静. 多维晋升激励对地方政府举债行为的影响 [J]. 中国工业经济, 2017 (07): 5 - 23.

[57] 贾俊雪. 中国税收收入规模变化的规则性、政策态势及其稳定效应 [J]. 经济研究, 2012, 47 (11): 103 - 117.

[58] 贾康, 白景明. 县乡财政解困与财政体制创新 [J]. 经济研究, 2002 (02): 3 - 9.

[59] 贾康, 刘薇, 张立承, 石英华, 孙洁. 中国经济中长期风险和对策 [J]. 经济研究参考, 2010 (14): 2 - 28.

[60] 姜长青. 建国以来三次发行地方债券的历史考察——以财政体制变迁为视角 [J]. 地方财政研究, 2010 (04): 20 - 25.

[61] 姜子叶, 胡育蓉. 财政分权、预算软约束与地方政府债务 [J]. 金融研究, 2016 (02): 198 - 206.

[62] 金灿灿. 提升县级人大预算监督能力研究——以 A 县为例 [J]. 地方财政研究, 2019 (03): 55 - 60.

[63] 赖伟能. 预算监督与人大权威 [J]. 人大研究, 2015 (03): 4 - 12.

[64] 李广众, 贾凡胜. 财政层级改革与税收征管激励重构——以财政"省直管县"改革为自然实验的研究 [J]. 管理世界, 2020, 36 (08): 32 - 50.

[65] 李萍等. 财政体制简明图解 [M]. 北京: 中国财政经济出版社, 2010.

[66] 李升, 陆琛怡. 地方政府债务风险的形成机理研究: 基于显性债务和隐性债务的异质性分析 [J]. 中央财经大学学报, 2020 (07): 3 - 16.

[67] 李砚忠. "原因"背后的原因——地方政府债务形成的"根源"探

寻 [J]. 地方财政研究, 2007 (05): 10 - 14.

[68] 李一花, 乔栋. 金融分权、保增长压力与地方政府隐性债务 [J]. 现代财经 (天津财经大学学报), 2020, 40 (08): 59 - 72.

[69] 李永友, 马孝红. 地方政府举债行为特征甄别——基于偿债能力的研究 [J]. 财政研究, 2018 (01): 65 - 77.

[70] 李永友, 王超. 集权式财政改革能够缩小城乡差距吗?——基于 "乡财县管" 准自然实验的证据 [J]. 管理世界, 2020, 36 (04): 113 - 130.

[71] 林慕华, 马骏. 中国地方人民代表大会预算监督研究 [J]. 中国社会科学, 2012 (06): 73 - 90.

[72] 林仁文, 杨熠. 中国市场化改革与货币政策有效性演变——基于 DSGE 的模型分析 [J]. 管理世界, 2014 (06): 39 - 52.

[73] 林细细, 龚六堂. 生产性公共开支经济中政府债务的福利损失 [J]. 管理世界, 2007 (08): 4 - 11.

[74] 刘晨晖, 陈长石. 撤县设市、行政扩权与经济增长——基于断点回归方法的估计 [J]. 经济评论, 2019 (02): 154 - 168.

[75] 刘贯春, 刘媛媛, 张军. 中国省级经济体的异质性增长路径及模式转换——兼论经济增长源泉的传统分解偏差 [J]. 管理世界, 2019, 35 (06): 39 - 55.

[76] 刘柳, 屈小娥. 经济政策不确定性环境下地方政府债务扩张动因再检验——基于新口径城投债视角的实证分析 [J]. 财政研究, 2019 (10): 32 - 46.

[77] 刘瑞明, 毛宇, 亢延锟. 制度松绑、市场活力激发与旅游经济发展——来自中国文化体制改革的证据 [J]. 经济研究, 2020, 55 (01): 115 - 131.

[78] 刘尚希, 赵全厚, 孟艳, 封北麟, 李成威, 张立承. "十二五" 时期我国地方政府性债务压力测试研究 [J]. 经济研究参考, 2012 (08): 3 - 58.

[79] 刘尚希, 赵全厚. 政府债务: 风险状况的初步分析 [J]. 管理世界, 2002 (05): 22 - 32.

[80] 刘雅君. 转移支付、预算软约束与我国政府债务可持续性 [J]. 学习与探索, 2020 (10): 155-164.

[81] 龙志和, 莫凡. 官员个人特征对地方政府债务的影响——以"泛珠三角"地级市党政正职为考察对象 [J]. 软科学, 2019, 33 (07): 139-144.

[82] 楼继伟.40年重大财税改革的回顾 [J]. 财政研究, 2019 (02): 3-29.

[83] 卢洪友, 朱耘婵. 城镇化、人口流动与地方政府债务水平——基于中国地级市的经验证据 [J]. 经济社会体制比较, 2020 (01): 9-21.

[84] 卢盛峰, 陈思霞. 政府偏袒缓解了企业融资约束吗?——来自中国的准自然实验 [J]. 管理世界, 2017 (05): 51-65.

[85] 陆铭, 陈钊. 分割市场的经济增长——为什么经济开放可能加剧地方保护? [J]. 经济研究, 2009, 44 (03): 42-52.

[86] 罗党论, 佘国满. 地方官员变更与地方债发行 [J]. 经济研究, 2015, 50 (06): 131-146.

[87] 吕冰洋, 马光荣, 毛捷. 分税与税率: 从政府到企业 [J]. 经济研究, 2016, 51 (07): 13-28.

[88] 吕冰洋. 从市场扭曲看政府扩张: 基于财政的视角 [J]. 中国社会科学, 2014 (12): 81-101.

[89] 吕冰洋. 现代政府间财政关系的构建 [J]. 中国人民大学学报, 2014, 28 (05): 11-19.

[90] 吕健. 影子银行推动地方政府债务增长了吗 [J]. 财贸经济, 2014 (08): 38-48.

[91] 吕健. 政绩竞赛、经济转型与地方政府债务增长 [J]. 中国软科学, 2014 (08): 17-28.

[92] 吕炜, 张妍彦, 周佳音. 财政在中国改革发展中的贡献——探寻中国财政改革的实践逻辑 [J]. 经济研究, 2019, 54 (09): 25-40.

[93] 吕炜, 周佳音, 陆毅. 理解央地财政博弈的新视角——来自地方债发还方式改革的证据 [J]. 中国社会科学, 2019 (10): 134-159.

[94] 马东山，韩亮亮，张胜强. 政府审计能够抑制地方政府债务增长吗？——财政分权的视角 [J]. 审计与经济研究，2019，34（04）：9-21.

[95] 马恩涛，王雨佳，王雅琦. 我国影子银行与地方政府债务研究 [J]. 河北经贸大学学报，2020，41（5）：48-57.

[96] 马海涛，吕强. 我国地方政府债务风险问题研究 [J]. 财贸经济，2004（02）：12-17.

[97] 马海涛，马金华. 解决我国地方政府债务的思路 [J]. 当代财经，2011（07）：43-49.

[98] 马金华. 地方政府债务：现状、成因与对策 [J]. 中国行政管理，2011（04）：90-94.

[99] 马万里，张敏. 中国地方债务缘何隐性扩张——基于隐性金融分权的视角 [J]. 当代财经，2020（07）：28-37.

[100] 马文涛，马草原. 政府担保的介入、稳增长的约束与地方政府债务的膨胀陷阱 [J]. 经济研究，2018，53（05）：72-87.

[101] 马文涛，张朋. 财政透明度、逆周期调控与政府债务规模 [J]. 世界经济，2020，43（05）：23-48.

[102] 毛捷，曹婧. 中国地方政府债务问题研究的文献综述 [J]. 公共财政研究，2019（01）：75-90.

[103] 毛捷，韩瑞雪，徐军伟. 财政压力与地方政府债务扩张——基于北京市全口径政府债务数据的准自然实验分析 [J]. 经济社会体制比较，2020（01）：22-33.

[104] 毛捷，刘潘，吕冰洋. 地方公共债务增长的制度基础——兼顾财政和金融的视角 [J]. 中国社会科学，2019（09）：45-67.

[105] 毛捷，徐军伟. 新时代地方财政治理：地方债实地调研和间接金融分权视角 [J]. 财经智库，2019，4（06）：80-103.

[106] 毛捷，徐军伟. 中国地方政府债务问题研究的现实基础——制度变迁、统计方法与重要事实 [J]. 财政研究，2019（01）：3-23.

[107] 苗文龙. 国家救助、地方金融分权与金融波动 [J]. 当代财经，2019（05）：47-60.

[108] 缪小林，伏润民．地方政府债务风险的内涵与生成：一个文献综述及权责时空分离下的思考 [J]．经济学家，2013（08）：90－101．

[109] 缪小林，伏润民．权责分离、政绩利益环境与地方政府债务超常规增长 [J]．财贸经济，2015（04）：17－31．

[110] 缪小林．权责时空分离下的地方政府债务风险：生成、监测与防范 [M]．北京：经济科学出版社，2015．

[111] 莫兰琼，陶凌云．我国地方政府债务问题分析 [J]．上海经济研究，2012，24（8）：100－108．

[112] 宁静，赵国钦，贺俊程．省直管县财政体制改革能否改善民生性公共服务 [J]．经济理论与经济管理，2015（05）：77－87．

[113] 潘俊，王亮亮，沈晓峰．金融生态环境与地方政府债务融资成本——基于省级城投债数据的实证检验 [J]．会计研究，2015（06）：34－41．

[114] 潘珊，龚六堂．中国税收政策的福利成本——基于两部门结构转型框架的定量分析 [J]．经济研究，2015，50（09）：44－57．

[115] 裴长洪．中国公有制主体地位的量化估算及其发展趋势 [J]．中国社会科学，2014（01）：4－29．

[116] 彭冲，陆铭．从新城看治理：增长目标短期化下的建城热潮及后果 [J]．管理世界，2019，35（08）：44－57．

[117] 蒲丹琳，王善平．官员晋升激励、经济责任审计与地方政府投融资平台债务 [J]．会计研究，2014（05）：88－93．

[118] 邱雨，宋春娟．层级政治：书记兼任人大主任的层级差异透视 [J]．中共青岛市委党校·青岛行政学院学报，2016（02）：72－78．

[119] 全承相，吴彩虹．政府财政权及其控制 [M]．长沙：湖南人民出版社，2011．

[120] 芮晔平．基于制度安排视角的地方政府债务成因分析 [J]．地方财政研究，2005（05）：14－17．

[121] 邵朝对，苏丹妮，包群．中国式分权下撤县设区的增长绩效评估 [J]．世界经济，2018，41（10）：101－125．

[122] 沈雨婷. 财政分权与晋升激励对地方政府债务影响研究 [J]. 甘肃社会科学, 2019 (01): 172-178.

[123] 司海平, 刘小鸽, 魏建. 地方政府债务融资的顺周期性及其理论解释 [J]. 财贸经济, 2018, 39 (08): 21-34.

[124] 谭之博, 周黎安, 赵岳. 省管县改革、财政分权与民生——基于"倍差法"的估计 [J]. 经济学 (季刊), 2015, 14 (03): 1093-1114.

[125] 唐为, 王媛. 行政区划调整与人口城市化: 来自撤县设区的经验证据 [J]. 经济研究, 2015, 50 (09): 72-85.

[126] 唐为. 经济分权与中小城市发展——基于撤县设市的政策效果分析 [J]. 经济学 (季刊), 2019, 18 (01): 123-150.

[127] 唐益生. 预算审查监督的基层实践——以四川省宣汉县为例 [J]. 人大研究, 2017 (07): 23-26.

[128] 铁瑛, 何欢浪. 银行管制放松、财政开源与地方政府债务治理 [J]. 财政研究, 2020 (11): 71-83.

[129] 汪峰, 熊伟, 张牧扬等. 严控地方政府债务背景下的 PPP 融资异化——基于官员晋升压力的分析 [J]. 经济学 (季刊), 2020, 19 (03): 1103-1122.

[130] 王德祥, 李建军. 人口规模、"省直管县"对地方公共品供给的影响——来自湖北省市、县两级数据的经验证据 [J]. 统计研究, 2008, 25 (12): 15-21.

[131] 王开泳, 陈田. 国外行政区划调整的经验及对我国的启示 [J]. 世界地理研究, 2011, 20 (02): 57-64.

[132] 王康, 李逸飞, 李静等. 孵化器何以促进企业创新?——来自中关村海淀科技园的微观证据 [J]. 管理世界, 2019, 35 (11): 102-118.

[133] 王淑杰. 改革开放以来人大预算监督工作的变迁和思考 [J]. 中央财经大学学报, 2009 (01): 6-9.

[134] 王贤彬, 黄亮雄. 官员更替、政策不确定性及其经济效应——中国情景10年研究回顾与展望 [J]. 公共管理与政策评论, 2020, 9 (02): 69-81.

[135] 王小龙, 方金金. 政府层级改革会影响地方政府对县域公共教育

服务的供给吗？[J]. 金融研究, 2014 (08): 80 - 100.

[136] 王叙果, 张广婷, 沈红波. 财政分权、晋升激励与预算软约束——地方政府过度负债的一个分析框架 [J]. 财政研究, 2012 (03): 10 - 15.

[137] 王永钦, 陈映辉, 杜巨澜. 软预算约束与中国地方政府债务违约风险: 来自金融市场的证据 [J]. 经济研究, 2016, 51 (11): 96 - 109.

[138] 王永钦, 戴芸, 包特. 财政分权下的地方政府债券设计: 不同发行方式与最优信息准确度 [J]. 经济研究, 2015, 50 (11): 65 - 78.

[139] 王勇, 许永晶. 中国地级市人大主任群体身份特征分析 [J]. 人大研究, 2019 (08): 28 - 36.

[140] 魏守华, 杨阳, 陈珑隆. 城市等级、人口增长差异与城镇体系演变 [J]. 中国工业经济, 2020 (07): 5 - 23.

[141] 魏姝. 从组织渗透到多元化策略: 执政党对人大的领导与控制方法研究 [J]. 江苏行政学院学报, 2015 (04): 87 - 94.

[142] 吴俊培, 李淼焱. 中国地方债务风险及防范研究——基于对中西部地方债务的调研 [J]. 财政研究, 2013 (06): 25 - 30.

[143] 吴小强, 韩立彬. 中国地方政府债务竞争: 基于省级空间面板数据的实证研究 [J]. 财贸经济, 2017, 38 (09): 48 - 62.

[144] 武彦民, 竹志奇, 杨峥. 官员更替制度与债务增长的关系 [J]. 经济与管理研究, 2016, 37 (06): 114 - 121.

[145] 席文启. 人民代表大会制度60年: 历史经验与未来发展 [J]. 当代中国史研究, 2014, 21 (05): 120.

[146] 向辉, 俞乔. 债务限额、土地财政与地方政府隐性债务 [J]. 财政研究, 2020 (03): 55 - 70.

[147] 徐键. 分税制下的财权集中配置: 过程及其影响 [J]. 中外法学, 2012, 24 (04): 800 - 814.

[148] 徐军伟, 毛捷, 管星华. 地方政府隐性债务再认识——基于融资平台公司的精准界定和金融势能的视角 [J]. 管理世界, 2020, 36 (09): 37 - 59.

[149] 许聪. 省级人大预算监督权力考察——以30个地方预算监督条例 (决定) 为基础 [J]. 财政研究, 2018 (10): 92 - 104.

[150] 严成樑，龚六堂．财政支出、税收与长期经济增长 [J]．经济研究，2009，44（06）：4-15.

[151] 杨灿明，鲁元平．地方政府债务风险的现状、成因与防范对策研究 [J]．财政研究，2013（11）：58-60.

[152] 杨灿明，鲁元平．我国地方债数据存在的问题、测算方法与政策建议 [J]．财政研究，2015（03）：50-57.

[153] 杨海生，才国伟，李泽槟．政策不连续性与财政效率损失——来自地方官员变更的经验证据 [J]．管理世界，2015（12）：12-23.

[154] 杨继东，杨其静，刘凯．以地融资与债务增长——基于地级市面板数据的经验研究 [J]．财贸经济，2018，39（02）：52-68.

[155] 于海峰，崔迪．防范与化解地方政府债务风险问题研究 [J]．财政研究，2010（06）：56-59.

[156] 余晨阳，邓敏婕．市政债券：城镇化融资的新渠道 [J]．学术论坛，2013，36（03）：137-141.

[157] 余华义．城市化、大城市化与中国地方政府规模的变动 [J]．经济研究，2015，50（10）：104-118.

[158] 余靖雯，王敏，郭凯明．土地财政还是土地金融？——地方政府基础设施建设融资模式研究 [J]．经济科学，2019（01）：69-81.

[159] 余应敏，杨野，陈文川．财政分权、审计监督与地方政府债务风险——基于2008-2013年中国省级面板数据的实证检验 [J]．财政研究，2018（07）：53-65.

[160] 余泳泽，张少辉．城市房价、限购政策与技术创新 [J]．中国工业经济，2017（06）：98-116.

[161] 张莉，年永威，刘京军．土地市场波动与地方债——以城投债为例 [J]．经济学（季刊），2018，17（03）：1103-1126.

[162] 张莉，皮嘉勇，宋光祥．地方政府竞争与生产性支出偏向——撤县设区的政治经济学分析 [J]．财贸经济，2018，39（03）：65-78.

[163] 张书林．党委书记与人大主任：兼职还是分设 [J]．决策，2013（04）：68-70.

[164] 张晓晶, 刘学良, 王佳. 债务高企、风险集聚与体制变革——对发展型政府的反思与超越 [J]. 经济研究, 2019, 54 (06): 4-21.

[165] 赵文举, 张曾莲. 预算偏离度推高了地方政府债务规模吗? [J]. 财经论丛, 2020 (09): 33-43.

[166] 赵志耘, 吕冰洋. 政府生产性支出对产出-资本比的影响——基于中国经验的研究 [J]. 经济研究, 2005 (11): 46-56.

[167] 郑谊英. 地方政府非正式财权偏好成因分析及法律治理 [J]. 财政研究, 2015 (01): 75-79.

[168] 钟辉勇, 陆铭. 财政转移支付如何影响了地方政府债务? [J]. 金融研究, 2015 (09): 1-16.

[169] 周建勇. 国家治理的中国方案: 以政党为中心的考察 [M]. 上海: 上海社会科学院出版社, 2018.

[170] 周黎安, 刘冲, 厉行等. "层层加码"与官员激励 [J]. 世界经济文汇, 2015 (01): 1-15.

[171] 周学东, 李文森, 刘念等. 地方债务管理与融资规范研究 [J]. 金融研究, 2014 (10): 34-49.

[172] 周雪光, 艾云, 葛建华等. 党政关系: 一个人事制度视角与经验证据 [J]. 社会, 2020, 40 (02): 137-167.

[173] 周雪光. "逆向软预算约束": 一个政府行为的组织分析 [J]. 中国社会科学, 2005 (02): 132-143.

[174] 朱建华, 陈田, 王开泳等. 改革开放以来中国行政区划格局演变与驱动力分析 [J]. 地理研究, 2015, 34 (02): 247-258.

[175] 朱莹, 王健. 市场约束能够降低地方债风险溢价吗? ——来自城投债市场的证据 [J]. 金融研究, 2018 (06): 56-72.

[176] 庄汝龙, 李光勤, 梁龙武等. 撤县设区与区域经济发展——基于双重差分方法的政策评估 [J]. 地理研究, 2020, 39 (06): 1386-1400.

[177] Afflatet, N., The Impact of Population Ageing On Public Debt: A Panel Data Analysis for 18 European Countries [J]. *International Journal of Economics and Financial Issues*, 2018, 8 (4): 68-77.

[178] Agnello, L. and Sousa, R., M., Can Re-Regulation of the Financial Sector Strike Back Public Debt? [J]. *Economic Modelling*, 2015, 51: 159 - 171.

[179] Akai, N. and Sato, M., Too Big Or Too Small? A Synthetic View of the Commitment Problem of Interregional Transfers [J]. *Journal of Urban Economics*, 2008, 64 (03): 551 - 559.

[180] Akai, N. and Sato, M., A Simple Dynamic Decentralized Leadership Model with Private Savings and Local Borrowing Regulation [J]. *Journal of Urban Economics*, 2011, 70 (01): 15 - 24.

[181] Aldasoro, I. and Seiferling, M. M., Vertical fiscal imbalances and the accumulation of government debt [Z]. IMF Working Papers, International Monetary Fund, 2014: 14 - 209.

[182] Alesina, A., Passalacqua, A., The political economy of government debt [J]. *Handbook of macroeconomics*, Elsevier, 2016 (02): 2599 - 2651.

[183] Alesina, A. and Tabellini, G., A Positive Theory of Fiscal Deficits and Government Debt [J]. *The Review of Economic Studies*, 1990, 57 (03): 403 - 414.

[184] Alexeev, M., Avxentyev, N., Mamedov, A. and Sinelnikov-Murylev, S. G., Fiscal Decentralization, Budget Discipline, and Local Finance Reform in Russia's Regions [J]. *Public Finance Review*, 2019, 47 (04): 679 - 717.

[185] Allers, M. A. and Geertsema, J. B., The Effects of Local Government Amalgamation On Public Spending, Taxation, and Service Levels: Evidence From 15 Years of Municipal Consolidation [J]. *Journal of Regional Science*, 2016, 56 (04): 659 - 682.

[186] Allers, M., de Natris, J., Rienks, H. and de Greef, T., Is Small Beautiful? Transitional and Structural Effects of Municipal Amalgamation On Voter Turnout in Local and National Elections [J]. Electoral Studies, 2021, 70: 102284.

[187] Alt, J. E. and Lassen, D. D., Fiscal Transparency, Political Parties,

and Debt in OECD Countries [J]. *European Economic Review*, 2006, 50 (06): 1403 – 1439.

[188] Andrews, R. and Boyne, G. , Structural Change and Public Service Performance: The Impact of the Reorganization Process in English Local Government [J]. *Public Administration*, 2012, 90 (02): 297 – 312.

[189] Apergis, E. and Apergis, N. , New Evidence On Corruption and Government Debt From a Global Country Panel [J]. *Journal of Economic Studies*, 2019, 46 (05): 1009 – 1027.

[190] Arawatari, R. and Ono, T. , Inequality and Public Debt: A Positive Analysis [J]. *Review of International Economics*, 2017, 25 (05): 1155 – 1173.

[191] Arif, A. and Mujahid, H. , Economic, Political and Institutional Determinants of Budget Deficits Volatility: A Panel Data Analysis [J]. *International Journal of Economics and Business Administration*, 2018, 6 (03): 98 – 114.

[192] Asatryan, Z. , Feld, L. P. and Geys, B. , Partial Fiscal Decentralization and Sub-National Government Fiscal Discipline: Empirical Evidence From OECD Countries [J]. *Public Choice*, 2015, 163 (3 – 4): 307 – 320.

[193] Azzimonti, M. , de Francisco, E. and Quadrini, V. , Financial Globalization, Inequality, and the Rising Public Debt [J]. *American Economic Review*, 2014, 104 (08): 2267 – 2302.

[194] Baklouti, N. and Boujelbene, Y. , Corruption, Democracy, and Public Debt: A Case of the Arab Countries [J]. *Journal of the Knowledge Economy*, 2021.

[195] Balaguer-Coll, M. T. , Diego, P. and Emili, T. , On the determinants of local government debt: Does one size fit all? [J]. *International Public Management Journal*, 2016, 19 (04): 513 – 542.

[196] Baron, R. M. and Kenny, D. A. , The moderator-mediator variable distinction in social psychological research: Conceptual, strategic, and statistical considerations [J]. *Journal of Personality and Social Psychology*, 1986, 51 (06): 1173.

［197］Baskaran, T. , On the Link Between Fiscal Decentralization and Public Debt in OECD Countries ［J］. *Public Choice*, 2010, 145 (3 –4): 351 –378.

［198］Baskaran, T. , Soft Budget Constraints and Strategic Interactions in Subnational Borrowing: Evidence From the German States, 1975 –2005 ［J］. *Journal of Urban Economics*, 2012, 71 (01): 114 –127.

［199］Baskaran, T. , Tax Decentralization and Public Deficits in OECD Countries ［J］. *Publius: The Journal of Federalism*, 2012, 42 (04): 688 –707.

［200］Battaglini, M. , Nunnari, S. and Palfrey, T. R. , The Political Economy of Public Debt: A Laboratory Study ［J］. *Journal of the European Economic Association*, 2020, 18 (04): 1969 –2012.

［201］Bellettini, G. and Roberti, P. , Politicians' Coherence and Government Debt ［J］. *Public Choice*, 2020, 182 (1 –2): 73 –91.

［202］Bellot, N. , J. , Selva, M. , L. , M. and Menéndez, L. , G. , Determinants of Sub-Central European Government Debt ［J］. *The Spanish Review of Financial Economics*, 2017, 15 (02): 52 –62.

［203］Ben Ali, T. and Ben Abdul Aziz Al Yahya, B. , The Effect of Governance On Public Debt: An Empirical Investigation for the Arabian Gulf Countries ［J］. *Journal of Economic Studies*, 2019, 46 (04): 812 –841.

［204］Besley, T. , and Case, A. , Unnatural experiments? Estimating the incidence of endogenous policies ［J］. *The Economic Journal*, 2000, 110 (467): 672 –694.

［205］Blancheton, B. , Central Bank Independence in a Historical Perspective. Myth, Lessons and a New Model ［J］. *Economic Modelling*, 2016, 52: 101 – 107.

［206］Blesse, S. and Baskaran, T. , Do Municipal Mergers Reduce Costs? Evidence From a German Federal State ［J］. *Regional Science and Urban Economics*, 2016, 59: 54 –74.

［207］Blom-Hansen, J. , Municipal Amalgamations and Common Pool Problems: The Danish Local Government Reform in 2007 ［J］. *Scandinavian Political*

Studies, 2010, 33 (01): 51 – 73.

[208] Blom-Hansen, J. , Houlberg, K. , Serritzlew, S. and Treisman, D. , Jurisdiction Size and Local Government Policy Expenditure: Assessing the Effect of Municipal Amalgamation [J]. *American Political Science Review*, 2016, 110 (04): 812 – 831.

[209] Bo, S. , Centralization and regional development: Evidence from a political hierarchy reform to create cities in china [J]. *Journal of Urban Economics*, 2020, 115: 103182.

[210] Borge, L. and Ratts, J. , R. , Dynamic Responses to Changing Demand: A Model of the Reallocation Process in Small and Large Municipalities in Norway [J]. *Applied Economics*, 1993, 25 (05): 589 – 598.

[211] Broner, F. and Ventura, J. , Rethinking the Effects of Financial Globalization [J]. *The Quarterly Journal of Economics*, 2016, 131 (03): 1497 – 1542.

[212] Buchanan, J. , M. , *The demand and supply of public goods* [M]. Chicago: Rand McNally, 1968 (05).

[213] Bukowska, G. and Siwińska-Gorzelak, J. , Can Higher Tax Autonomy Enhance Local Fiscal Discipline? Evidence from Tax Decentralization in Poland [J]. *Publius: The Journal of Federalism*, 2019, 49 (02): 299 – 324.

[214] Casalin, F. , Dia, E. and Hughes Hallett, A. , Public Debt Dynamics with Tax Revenue Constraints [J]. *Economic Modelling*, 2020, 90: 501 – 515.

[215] Chetty, R. Looney, A. and Kroft, K. , Salience and taxation: Theory and evidence [J]. *American Economic Review*, 2009, 99 (04): 1145 – 1177.

[216] Chiminya, A. , Dunne, J. , P. and Nikolaidou, E. , The Determinants of External debt in Sub Saharan Africa [J]. *School of Economics Macroeconomic Discussion Paper Series School of Economics, University of Cape Town*, 2018 (02).

[217] Claessens, S. , Klingebiel, D. and Schmukler, S. , L. , Government Bonds in Domestic and Foreign Currency: The Role of Institutional and Macroeco-

nomic Factors [J]. *Review of International Economics*, 2007, 15 (02): 370 - 413.

[218] Clinger, J., C., Feiock, R., C., Mccabe, B., C. and Park, H., Turnover, Transaction Costs, and Time Horizons [J]. *The American Review of Public Administration*, 2008, 38 (02): 167 - 179.

[219] Cooray, A., Dzhumashev, R. and Schneider, F., How Does Corruption Affect Public Debt? An Empirical Analysis [J]. *World Development*, 2017, 90: 115 - 127.

[220] D'Erasmo, P., Mendoza, E., G., and Zhang J., What is a sustainable public debt? [J]. *Handbook of Macroeconomics*, 2016, 32 (02): 2493 - 2597.

[221] De Ceuninck, K., Reynaert, H., Steyvers, K. and Valcke, T., Local Government Studies [J]. *Local Government Studies*, 2010, 36 (06): 803 - 822.

[222] De Mello, L. and Jalles, J., T., The Global Crisis and Intergovernmental Relations: Centralization Versus Decentralization 10 Years On [J]. *Regional Studies*, 2020, 54 (07): 942 - 957.

[223] De Mello, L., R., Intergovernmental Fiscal Relations: Coordination Failures and Fiscal Outcomes [J]. *Public Budgeting & Finance*, 1999, 19 (01): 3 - 25.

[224] De Mello, L., R., Fiscal Decentralization and Intergovernmental Fiscal Relations: A Cross-Country Analysis [J]. *World Development*, 2000, 28 (02): 365 - 380.

[225] Del Monte, A. and Pennacchio, L., Corruption, Government Expenditure and Public Debt in OECD Countries [J]. *Comparative Economic Studies*, 2020, 62 (04): 739 - 771.

[226] Delgado-Téllez, M. and Pérez, J., J., Institutional and Economic Determinants of Regional Public Debt in Spain [J]. *Public Finance Review*, 2020, 48 (02): 212 - 249.

[227] Della Posta, P. , Central Bank Intervention, Public Debt and Interest Rate Target Zones [J]. *Journal of Macroeconomics*, 2018, 56: 311 – 323.

[228] Della Posta, P. , Interest Rate Targets and Speculative Attacks On Public Debt [J]. *Macroeconomic Dynamics*, 2019, 23 (07): 2698 – 2716.

[229] Della Posta, P. , Government Size and Speculative Attacks On Public Debt [J]. *International Review of Economics & Finance*, 2021, 72: 79 – 89.

[230] Di Bartolomeo, G. , Di Pietro, M. , Saltari, E. and Semmler, W. , Public Debt Stabilization: The Relevance of Policymakers' Time Horizons [J]. *Public Choice*, 2018, 177 (3 – 4): 287 – 299.

[231] Dietrichson, J. and Ellegård, L. , M. , Assist Or Desist? Conditional Bailouts and Fiscal Discipline in Local Governments [J]. *European Journal of Political Economy*, 2015, 38: 153 – 168.

[232] Dollery, B. and Fleming, E. , A Conceptual Note on Scale Economies, Size Economies and Scope Economies in Australian Local Government [J]. *Urban Policy and Research*, 2006, 24 (02): 271 – 282.

[233] Dong, D. , The Impact of Financial Openness On Public Debt in Developing Countries [J]. *Empirical Economics*, 2020: 1 – 31.

[234] Escobar-Posada, R. A. and Monteiro, G. , Long-run growth and welfare in a two sector endogenous growth model with productive and non-productive government expenditure [J]. *Journal of Macroeconomics*, 2015, 46: 218 – 234.

[235] Eslava, M. , The Political Economy of Fiscal Deficits: A Survey [J]. *Journal of Economic Surveys*, 2011, 25 (04): 645 – 673.

[236] Eyraud, L. and Lusinyan, L. , Vertical Fiscal Imbalances and Fiscal Performance in Advanced Economies [J]. *Journal of Monetary Economics*, 2013, 60 (05): 571 – 587.

[237] Fan, S. , Li, L. , and Zhang, X. , Challenges of creating cities in China: Lessons from a short-lived county-to-city upgrading policy [J]. *Journal of Comparative Economics*, 2012, 40 (03): 476 – 491.

[238] Favero, C. and Giavazzi, F. , Measuring Tax Multipliers: The Narra-

tive Method in Fiscal VARs [J]. *American Economic Journal: Economic Policy*, 2012, 4 (02): 69 –94.

[239] Feld, L. , P. , Kirchgässner, G. and Schaltegger, C. , A. , Municipal Debt in Switzerland: New Empirical Results [J]. *Public Choice*, 2011, 149 (1 –2): 49 –64.

[240] Fernandez Milan, B. and Creutzig, F. , Municipal Policies Accelerated Urban Sprawl and Public Debts in Spain [J]. *Land Use Policy*, 2016, 54: 103 – 115.

[241] Ferrara, G. Torquetti, L. Ferrara, P. and Merayo-Lloves, J. , Intrastromal corneal ring segments: visual outcomes from a large case series [J]. *Clinical & Experimental Ophthalmology*, 2012, 40 (05): 433 –439.

[242] Foged, S. , K. , The Relationship Between Population Size and Contracting Out Public Services [J]. *Urban Affairs Review*, 2016, 52 (03): 348 – 390.

[243] Foremny, D. , Sub-National Deficits in European Countries: The Impact of Fiscal Rules and Tax Autonomy [J]. *European Journal of Political Economy*, 2014, 34: 86 –110.

[244] Foremny, D. , Sacchi, A. and Salotti, S. , Decentralization and the Duration of Fiscal Consolidation: Shifting the Burden Across Layers of Government [J]. *Public Choice*, 2017, 171 (3 –4): 359 –387.

[245] Fotiou, A. , Non-Linearities in Fiscal Policy: The Role of Debt [Z]. *IMF Working Paper*, 2020: 20 –246.

[246] Fox, W. , F. , Gurley, T. , Will Consolidation Improve Sub-National Governments? [R]. World Bank Working Paper, 2006: 3913.

[247] Freitag, M. and Vatter, A. , Decentralization and Fiscal Discipline in Sub-National Governments: Evidence from the Swiss Federal System [J]. *Publius: The Journal of Federalism*, 2008, 38 (02): 272 –294.

[248] Fritz, B. and Feld, L. , P. , Common Pool Effects and Local Public Debt in Amalgamated Municipalities [J]. *Public Choice*, 2020, 183 (1 –2):

69 - 99.

[249] Gamalerio, M. , Do National Political Parties Matter? Evidence From Italian Municipalities [J]. *European Journal of Political Economy*, 2020, 63: 101862.

[250] Garcia-Milà, T. , Goodspeed, T. , and McGuire, T. , J. , Fiscal Decentralization Policies and Sub-National Government Debt in Evolving Federations [S]. *UPF Economics and Business Working Paper*, 2002: 549.

[251] Gomez, M. , A. , Optimal tax structure in a two-sector model of endogenous growth [J]. *Journal of Macroeconomics*, 2007, 29 (02): 305 - 325.

[252] Goodspeed, T. , J. , Bailouts in a Federation [J]. *International Tax and Public Finance*, 2002, 9 (04): 409 - 421.

[253] Goodspeed, T. , Bailouts and Soft Budget Constraints in Decentralized Government: A Synthesis and Survey of an Alternative View of Intergovernmental Grant Policy, Hacienda Pública Española/Review of Public Economics, 2017, 221 (02): 113 - 134.

[254] Goto, T. , Sekgetle, S. and Kuramoto, T. , Municipal Merger and Debt Issuance in South African Municipalities [J]. *Applied Economics Letters*, 2020, 1 - 6.

[255] Greer, R. A. and Denison, D. , V. , Determinants of Debt Concentration at the State Level [J]. *Public Budgeting & Finance*, 2016, 36 (04): 111 - 130.

[256] Grilli, V. , Masciandaro, D. and Tabellini, G. , Political and Monetary Institutions and Public Financial Policies in the Industrial Countries [J]. *Economic Policy*, 1991, 6 (13): 341 - 392.

[257] Guo, Si and Pei, Yun and Xie, Zoe, Decentralization and Overborrowing in a Fiscal Federation [R]. FRB Atlanta Working Paper, 2018 - 9.

[258] Haan, J. , D. and Sturm, J. , Political and Institutional Determinants of Fiscal Policy in the European Community [J]. *Public Choice*, 1994, 80 (1/2): 157 - 172.

[259] Halkos, G., E. and Papageorgiou, G., J., Pollution, Environmental Taxes and Public Debt: A Game Theory Setup [J]. *Economic Analysis and Policy*, 2018, 58: 111 – 120.

[260] Hanes, N., Amalgamation Impacts On Local Public Expenditures in Sweden [J]. *Local Government Studies*, 2015, 41 (01): 63 – 77.

[261] Hansen, S., W., Polity Size and Local Political Trust: A Quasi-Experiment Using Municipal Mergers in Denmark [J]. *Scandinavian Political Studies*, 2013, 36 (01): 43 – 66.

[262] Hansen, S., W., Common Pool Size and Project Size: An Empirical Test On Expenditures Using Danish Municipal Mergers [J]. *Public Choice*, 2014, 159 (1 – 2): 3 – 21.

[263] Hansen, S., W., Exploiting the Common Pool Or Looking to the Future? A Study of Free-Riding Leading Up to the 2007 Municipal Amalgamations in Denmark [J]. *Local Government Studies*, 2019, 45 (05): 676 – 696.

[264] Hinnerich, B., T., Do Merging Local Governments Free Ride On their Counterparts When Facing Boundary Reform? [J]. *Journal of Public Economics*, 2009, 93 (5 – 6): 721 – 728.

[265] Hirota, H. and Yunoue, H., Municipal Mergers and Special Provisions of Local Council Members in Japan [J]. *Japanese Political Economy*, 2014, 40 (3 – 4): 96 – 116.

[266] Hirota, H. and Yunoue, H., Evaluation of the Fiscal Effect On Municipal Mergers: Quasi-Experimental Evidence From Japanese Municipal Data [J]. *Regional Science and Urban Economics*, 2017, 66: 132 – 149.

[267] Horváthová, L., Horváth, J., Gazda, V. and Kubák, M., Fiscal Decentralization and Public Debt in the European Union [J]. *Lex Localis*, 2012, 10 (03): 265 – 276.

[268] Javid, A., Y., Arif, U. and Arif, A., Economic, Political and Institutional Determinants of Budget Deficits Volatility in Selected Asian Countries [J]. *The Pakistan Development Review*, 2011, 50 (04): 649 – 662.

[269] John, P. "*Larger and Larger? The Endless Search for Efficiency in the UK.*" *In Territorial Choice. The Politics of Boundaries and Borders*, edited by *H. Baldersheim and Rose, L., E.*, [M]. Basingstoke: Palgrave Macmillan, 2010.

[270] Jordahl, H. and Liang, C., Merged Municipalities, Higher Debt: On Free-Riding and the Common Pool Problem in Politics [J]. *Public Choice*, 2010, 143 (1 – 2): 157 – 172.

[271] Kim, D., Suen, Y., Lin, S. and Hsieh, J., Government Size, Government Debt and Globalization [J]. *Applied Economics*, 2017, 50 (25): 2792 – 2803.

[272] King, D., *Fiscal tiers: The economics of multi-level government* [M]. London: George, Allen & Unwin, 1984.

[273] Köppl Turyna, M. and Pitlik, H., Do Equalization Payments Affect Subnational Borrowing? Evidence From Regression Discontinuity [J]. *European Journal of Political Economy*, 2018, 53: 84 – 108.

[274] Kornai, J., Maskin, E. and Roland, G., Understanding the Soft Budget Constraint [J]. *Journal of Economic Literature*, 2003, 41 (04): 1095 – 1136.

[275] Lago-Peñas, S., and Martinez-Vazquez, J. (Eds.), *The Challenge Of Local Government Size: Theoretical Perspectives, International Experience And Policy Reform* [M]. Cheltenham: Edward Elgar, 2013.

[276] Lapointe, S., Saarimaa, T. and Tukiainen, J., Effects of Municipal Mergers On Voter Turnout [J]. *Local Government Studies*, 2018, 44 (04): 512 – 530.

[277] Lassen, D., D. and Serritzlew, S., Jurisdiction Size and Local Democracy: Evidence On Internal Political Efficacy From Large-scale Municipal Reform [J]. *The American Political Science Review*, 2011, 105 (02): 238 – 258.

[278] Lee, I., Is Social Expenditure Responsible for Recent Rise in Public Debt in OECD Countries? [J]. *Applied Economics Letters*, 2018, 25 (01): 43 – 46.

[279] Liu, C., Moldogaziev, T., T. and Mikesell, J., L., Corruption and State and Local Government Debt Expansion [J]. *Public Administration Review*, 2017, 77 (05): 681 – 690.

[280] Liu, G. and Sun, R., Economic Openness and Subnational Borrowing [J]. *Public Budgeting & Finance*, 2016, 36 (02): 45 – 69.

[281] Maebayashi, N., Hori, T., and Futagami, K., Dynamic analysis of reductions in public debt in an endogenous growth model with public capital [J]. *Macroeconomic Dynamics*, 2017, 21 (06): 1454 – 1483.

[282] Mastrobuoni, G. and Pinotti, P., Legal status and the criminal activity of immigrants [J]. *American Economic Journal: Applied Economics*, 2015, 7 (02): 175 – 206.

[283] Mawejje, J. and Odhiambo, N., M., The Determinants of Fiscal Deficits: A Survey of Literature [J]. *International Review of Economics*, 2020, 67 (03): 403 – 417.

[284] McKinnon, R., *Market preserving fiscal federalism in the American Monetary Union. In: Blejar, M., TerMinassian, T. (Eds.), Macroeconomic Dimensions of Public Finance: Essays in Honor of Vito Tanzi* [M]. London: Routeledge, 1997.

[285] Meme, L. M. and Fatoki, O., I., Effect of Innovative Finance On Kenya'S Public Debt [J]. *Journal of Business Theory and Practice*, 2020, 8 (03): 44 – 61.

[286] Moessinger, M., Do the Personal Characteristics of Finance Ministers Affect Changes in Public Debt? [J]. *Public Choice*, 2014, 161 (1 – 2): 183 – 207.

[287] Moisio, A. and Uusitalo, R., The Impact of Municipal Mergers On Local Public Expenditures in Finland [J]. *Public Finance and Management*, 2013, 13 (03): 148.

[288] Montinola, G., Qian, Y., Weingast, B., Federalism, Chinese style: the political basis for economic success in China [J]. *World Politics*, 1995,

48 (01): 50 – 81.

[289] Musgrave, R., A., The *Theory of Public Finance* [M]. New York: McGraw-Hill, 1959.

[290] Nakazawa, K., Amalgamation, Free-Rider Behavior, and Regulation [J]. *International Tax and Public Finance*, 2016, 23 (05): 812 – 833.

[291] Neck, R. and Getzner, M., Politico-Economic Determinants of Public Debt Growth: A Case Study for Austria [J]. *Public Choice*, 2001, 109 (3/4): 243 – 268.

[292] Neyapti, B., Fiscal Decentralization and Deficits: International Evidence [J]. *European Journal of Political Economy*, 2010, 26 (02): 155 – 166.

[293] Neyapti, B., Fiscal Decentralization, Fiscal Rules and Fiscal Discipline [J]. *Economics Letters*, 2013, 121 (03): 528 – 532.

[294] Nöh, L., Increasing Public Debt and the Role of Central Bank Independence for Debt Maturities [J]. *European Economic Review*, 2019, 119: 179 – 198.

[295] Oates, W., E., *Fiscal Federalism* [M]. New York: Harcourt Brace Jovanovich, 1972.

[296] Oates, W., E., Searching for Leviathan: An Empirical Study [J]. *The American Economic Review*, 1985, 75 (04): 748 – 757.

[297] Oates, W., E., Toward a Second-Generation Theory of Fiscal Federalism [J]. *International Tax and Public Finance*, 2005, 12 (04): 349 – 373.

[298] Oto-Peralías, D., Romero – ávila, D. and Usabiaga, C., Does Fiscal Decentralization Mitigate the Adverse Effects of Corruption On Public Deficits? [J]. *European Journal of Political Economy*, 2013, 32: 205 – 231.

[299] Ozkan, F., G., Kipici, A. and Ismihan, M., The Banking Sector, Government Bonds, and Financial Intermediation: the case of Emerging Market Countries [J]. *Emerging Markets Finance & Trade*, 2006, 42 (04): 55 – 70.

[300] Pancrazi, R. and Prosperi, L., Transparency, Political Conflict, and Debt [J]. *Journal of International Economics*, 2020, 126 (01): 103331.

[301] Papadamou, S., Sidiropoulos, M. and Spyromitros, E., Is there a Role for Central Bank Independence on Public Debt Dynamics? [J]. *Journal of Applied Finance and Banking*, 2017, 7 (01): 103 – 117.

[302] Persson, T., and Tabellini, G., *Political economics and macroeconomic policy. In J. Taylor & M. Woodford (Eds.), Handbook of macroeconomics* [M]. Amsterdam: North Holland, 1999.

[303] Pettersson-Lidbom, P., Dynamic Commitment and the Soft Budget Constraint: An Empirical Test [J]. *American Economic Journal: Economic Policy*, 2010, 2 (03): 154 – 179.

[304] Pisauro, G., Intergovernmental relations and fiscal discipline—between commons and soft budget constraints [R]. *Working Paper WP/01/15, Washington DC: International Monetary Fund*, 2001.

[305] Polackova H., *Contingent government liabilities: A hidden risk for fiscal stability Policy, Research Working Paper* 1989 [M]. Washington: World Bank, 1998.

[306] Polackova-Brixi, H., and Schick, A., *Government at risk: Contingent liabilities and fiscal risks* [M]. Washington: Co-publication of the World Bank and Oxford University Press, 2002.

[307] Poterba, J., M., State Responses to Fiscal Crises: The Effects of Budgetary Institutions and Politics [J]. *Journal of Political Economy*, 1994, 102 (04): 799 – 821.

[308] Qian, Y. and Roland, G., The Soft Budget Constraint in China [J]. *Japan and the World Economy*, 1996, 8 (02): 207 – 223.

[309] Qian, Y. and Roland, G., Federalism and the Soft Budget Constraint [J]. *The American Economic Review*, 1998, 88 (05): 1143 – 1162.

[310] Qian, Y. and Weingast, B., R., Federalism as a Commitment to Preserving Market Incentives [J]. *The Journal of Economic Perspectives*, 1997, 11 (04): 83 – 92.

[311] Qwader, A., S. and Aloshaibat, S., D., Components of the Public

Budget and their Effects On Public Debt in Jordan [J]. *International Journal of E-conomics and Financial Issues*, 2020, 10 (03): 88 –96.

[312] Raveh, O. and Tsur, Y. , Resource Windfalls and Public Debt: A Political Economy Perspective [J]. *European Economic Review*, 2020, 123: 103371.

[313] Reingewertz, Y. , Do Municipal Amalgamations Work? Evidence From Municipalities in Israel [J]. *Journal of Urban Economics*, 2012, 72 (2 – 3): 240 –251.

[314] Reinhart, C. , M. and Rogoff, K. , S. , From Financial Crash to Debt Crisis [J]. *American Economic Review*, 2011, 101 (05): 1676 –1706.

[315] Reiter, M. and Weichenrieder, A. , Are Public Goods Public a Critical Survey of the Demand Estimates for Local Public Services [J]. *FinanzArchiv/ Public Finance Analysis*, 1997, 54 (03): 374 –408.

[316] Rodden, J. , A. , Rodden, J. , M. , *Hamilton's paradox: the promise and peril of fiscal federalism* [M]. Cambridge: Cambridge University Press, 2006.

[317] Rodrigues, M. and Tavares, A. , F. , The Effects of Amalgamations On Voter Turnout: Evidence From Sub-Municipal Governments in Portugal [J]. *Cities*, 2020, 101: 102685.

[318] Roesel, F. , Do Mergers of Large Local Governments Reduce Expenditures? – Evidence From Germany Using the Synthetic Control Method [J]. *European Journal of Political Economy*, 2017, 50: 22 –36.

[319] Saarimaa, T. and Tukiainen, J. , Common Pool Problems in Voluntary Municipal Mergers [J]. *European Journal of Political Economy*, 2015, 38: 140 – 152.

[320] Sanguinetti, P. and Tommasi, M. , Intergovernmental Transfers and Fiscal Behavior Insurance Versus Aggregate Discipline [J]. *Journal of International Economics*, 2004, 62 (01): 149 –170.

[321] Shah, A. , Fiscal Decentralization and Macroeconomic Management [J]. *International Tax and Public Finance*, 2006, 13 (04): 437 –462.

[322] Shi, Y. , Hendrick, R. and Park, H. , Fiscal Decentralization and Capacity to Service Debt: Are they Tightly Linked? [J]. *Public Finance and Management*, 2018, 18 (02): 192 – 223.

[323] Slack, Enid, and Richard Bird. Merging Municipalities: Is Bigger Better? [R]. *IMFG Papers on Municipal Finance and Governance. Toronto: University of Toronto*, 2013.

[324] Solé-Ollé, A. and Bosch, N. , On the Relationship between Authority Size and the Costs of Providing Local Services: Lessons for the Design of Intergovernmental Transfers in Spain [J]. *Public Finance Review*, 2005, 33 (03): 343 – 384.

[325] Sow, M. , and Razafimahefa, I. , Fiscal Decentralization and Fiscal Policy Performance [Z]. *IMF Working Paper*, 2017: 17 – 64.

[326] Steiner, R. and Kaiser, C. , Effects of Amalgamations: Evidence From Swiss Municipalities [J]. *Public Management Review*, 2017, 19 (02): 232 – 252.

[327] Suzuki, K. and Ha, H. , Municipal Merger and Local Democracy: An Assessment of the Merger of Japanese Municipalities [J]. *Lex Localis-Journal of Local Self-Government*, 2018, 16 (04): 759 – 784.

[328] Swianiewicz, Paweł, (ed) . , Local government borrowing: Risks and rewards. A Report on Central and Eastern Europe [Z]. *Budapest: Open Society Institute*, 2004.

[329] Tagkalakis, A. , O. , Financial Stability Indicators and Public Debt Developments [J]. *The Quarterly Review of Economics and Finance*, 2014, 54 (02): 158 – 179.

[330] Tan, E. , and Avshalom-Uster, A. , How does asymmetric decentralization affect local fiscal performance? [J]. *Regional Studies*, 2021, 55 (03): 1 – 13.

[331] Tarek, B. , A. and Ahmed, Z. , Governance and Public Debt Accumulation: Quantitative Analysis in MENA Countries [J]. *Economic Analysis and*

Policy, 2017, 56: 1 – 13.

[332] Tarek, B. , A. and Ahmed, Z. , Institutional Quality and Public Debt Accumulation: An Empirical Analysis [J]. *International Economic Journal*, 2017, 31 (03): 415 –435.

[333] Tiebout, C. , M. , 1956 – A Pure Theory of Local Expenditures [J]. *Journal of Political Economy*, 1956, 64 (05): 416 –424.

[334] Torsten Persson and Tabellini, G. , Federal Fiscal Constitutions: Risk Sharing and Moral Hazard [J]. *Econometrica*, 1996, 64 (03): 623 –646.

[335] Trein, P. , Incentives or Regulation? The Effects of Fiscal Rules and Subnational Tax Autonomy on Government Finances [J/OL]. *SSRN Working Paper*, 2016.

[336] Turnovsky, S. , J. , Fiscal policy, elastic labor supply, and endogenous growth [J]. *Journal of Monetary Economics*, 2000, 45 (01): 185 – 210.

[337] Tytell, Irina and Wei, Shang-Jin, Does Financial Globalization Induce Better Macroeconomic Policies? [Z]. *IMF Working Paper*, 2004: 04 –84.

[338] Vo, D. , H. , The Economics of Fiscal Decentralization [J]. *Journal of Economic Surveys*, 2010, 24 (04): 657 –679.

[339] Vuletin, G. , Exchange Rate Regimes and Fiscal Discipline: The Role of Capital Controls [J]. *Economic Inquiry*, 2013, 51 (04): 2096 –2109.

[340] Weingast, B. , R. , The Economic Role of Political Institutions: Market-Preserving Federalism and Economic Development [J]. *Journal of Law, Economics, & Organization*, 1995, 11 (01): 1 –31.

[341] Weingast, B. , R. , Shepsle, K. , A. and Johnsen, C. , The Political Economy of Benefits and Costs: A Neoclassical Approach to Distributive Politics [J]. *Journal of Political Economy*, 1981, 89 (04): 642 –664.

[342] Woo, J. , Economic, Political, and Institutional Determinants of Public Deficits [J]. *Journal of Public Economics*, 2003, 87 (3 –4): 387 –426.

[343] World Bank, Should Borrowing by the Public Sector Be Decentralised

[R]. *Decentralisation Thematic Team Report*, 2004.

[344] Yamada, K., From a Majority to a Minority: How Municipal Mergers in Japan Changed the Distribution of Political Powers and the Allocation of Public Services within a Merged Municipality [J]. *Urban Affairs Review*, 2018, 54 (03): 560 – 592.